천로역정

존 번연 지음 / 심재원 역

도서출판 한글

머 리 말

　　17세기 영국 제임스 2세 왕 때에 존 번연(1628-1688)이란 목
사가 불법으로 집회를 하고, 영국 국교의 의식대로 예배를 드리
지 않았다는 죄목으로 1660년에 잡히어 베드포드에 있는 감옥에
서 12년 동안이나 옥살이를 하게 되었습니다.

　　번연은 자기가 믿음을 지키기 위하여 고생하는 것이니 조금도
원통하게 여길 것이 없다 생각하고 오히려 감옥 안에서 성경을
연구하면서 경건한 나날을 보냈습니다.

　　사랑하는 아내와 귀여운 자녀들과 생이별하는 것은 살을 찢어
내는 듯한 쓰라린 일이고 옥살이의 고생도 이만 저만한 것이 아
니었습니다. 그러나 번연은 하나님을 의지하는 중에 모든 어려움

을 견디어 나갔습니다.

번연은 자기가 갇혀 있는 감
옥을 "사자굴"이라고 부르리
만큼 고생을 하면서도 자기
교회의 신도들을 위하여 기도
에 힘썼으며 그들의 믿음을
격려하기 위한 글을 쓰기 시
작하였는데 그 책이 바로 천
로역경(천성으로 가는 길)이란

책입니다. 이 책은 오늘날까지도 세계에서 가장 유명한 책 중의 하나로 널리 읽혀지고 있습니다.

이 천로역정은 그림을 많이 넣고, 좀더 쉽고 재미있게 쓴 것이 이 책의 특징입니다. 남녀노소를 막론하고 올바른 삶을 살아가는데 유익한 책입니다. 특히 신앙생활을 하는 분들에게는 아주 좋은 신앙의 길잡이가 되리라 믿습니다.

역 자

목 차

1. 멸망성

나는 광야를 다니다가 한 곳에서 동굴을 만나 그 굴속으로 들어가 잠이 들었습니다. 거기서 이런 꿈을 꾸었습니다.

한 남자가 누더기 옷을 걸치고 집에서 나와 무거운 짐을 지고 손에 책 한 권을 들고 있었습니다(사 64:4 참조).

그는 책을 읽으며 울다가 마침내 더 이상 참을 수 없는 듯 "나는 어찌할꼬!" 하고 울부짖었습니다(행 2:37). 그런 모습으로 돌아간 그는 아내와 자식들이 눈치 채지 못하게 하려고 참고 감정을 억눌렀습니다. 그러나 걱정이 심해져 더 이상 견딜 수가 없었습니다. 그는 아내와 자식들한테 자기의 고민을 털어놓았습니다.

"사랑하는 당신, 그리고 귀여운 아이들아, 너희를 돌보아야 할 이 아빠는 내 짐이 너무 무거워 고통스럽다. 나는 머지않아 하늘에서 큰불이 쏟아져 우리가 사는 이 세상이 온통 잿더미가 될 것이라는 말을 들었다. 만약 구원받을 길을 찾지 못하면 나와 엄마는 물론 너희들까지 모두 죽게 된다는구나.

그러나 나는 아직 그 길을 찾지 못했다."

이 말을 듣고 가족들은 모두 놀랐습니다. 그가 한 말을 믿어서가 아니라 그가 미친 것이 아닌가 의심이 들었기 때문이었습니다. 그래서 밤이 가까워 왔기도 했지만 잠을 자고 나면 그의 머리가 좀 맑아질 거라고 믿고 가족들은 서둘러 잠자리에 들게 했습니다.

그러나 그는 잠을 이루지 못했습니다. 온 밤을 뜬 눈으로 눈물을 흘리며 보내야 했습니다. 아침이 되자 가족들이 상태를 물었으나 그는 점점 심하다고 대답했습니다.

그가 다시 그 말을 꺼내기 시작하자 가족들의 표정은 더욱 굳어졌습니다. 무섭고 거칠게 대하면 광증이 사라질 것이라고 생각한 가족들은 그를 비웃기도 하고 야단을 치기도 했으며 그를 아주 무시해 버리기도 했습니다.

2. 믿 음

그는 혼자 들로 나가 거닐기도 하고, 책을 읽기도 하고, 기도도 하면서 며칠을 보냈습니다. 그러던 어느 날 그는 들판에서 책을 읽다가 갑자기 크게 낙심하여 예전처럼 "내가 어떻게 해야 구원을 얻을까?"(행 16:3 0, 31) 하고 울부짖는 것이었습니다. 그는 어디론가 떠나려는 양 두리번거리다가 갈 곳을 정하지 못한 듯 그대로 서 있었습니다. 그때 전도자(傳道者)가 다가와 물었습니다.
"무슨 일로 그리 우십니까?"
그는 대답했습니다.

"선생님, 제가 들고 있는 이 책을 읽어 보니, 나는 언젠가 죽을 수밖에 없고 죽은 후에는 심판을 받게 되어 있습니다. 하지만 저는 죽기도 싫고 심판을 받기도 싫습니다. 어떻게 하면 좋겠 습 니 까 ? "(히 9:27, 욥 16:21, 겔 22:14)
그러자 전도자가 대답했습니다.
"이 세상은 악으로 가득 차 있습니다. 그런데 무엇이 무서워 죽기를 꺼려하십니까?"
"내 등의 이 무거운
짐이 나를 무덤보
다도 더 깊은 토페
트(Tophet : 예루살
렘 근처 쓰레기장, 지
옥의 상징)로 빠뜨릴
것만 같아 두렵기
때 문 이 지 요 (사
30:33). 감옥 생활
도 감당하기 어려
울 텐데 심판을 받
고 무서운 형벌까
지 당한다면 어찌
견디겠습니까? 그
런 일을 생각하니
눈물이 납니다."

"그렇게 멍하니 서 있는 이유는 무엇입니까?"
"어디로 가야 좋을지 몰라 그럽니다."

전도자는 양가죽으로 만든 두루마리를 그에게 주었습니다. 거기에는 "임
박한 진노를 피하라(마 3:7)"고 씌어 있었습니다.

글을 읽은 그 사람은 전도자를 주의 깊게 보면서 말했습니다.

3. 좁은 문

"어디로 가야 할까요?"
전도자는 손을 들어 넓은 평야를 가리켰습니다.
"저쪽에 있는 좁은 문이 보입니까?"
"안 보이는데요."
"그럼 저쪽에 빛나는 밝은 빛은 보이십니까?(시 119:105, 벧후 1:16)"
"보입니다."
"그럼 그 빛을 행해 똑바로 올라가 보십시오. 그러면 좁은 문이

나타날 것입니다. 문을 두드리면 누군가 나와서 당신이 어떻게 해야 좋을지 가르쳐 줄 것입니다."
그는 전도자가 가르쳐 준 방향으로 달리기 시작했습니다. 그의 아내와 자식들이 돌아오라고 소리치기 시작했습니다. 그러나 그는 손으로 귀를 막고 달리며 "생명, 생명, 영원한 생명!" 하고 외쳤습니다. 그는 한번도 돌아보지 않고 광야 한가운데를 향하여 달려갔습니다.

이웃 주민들도 그가 달려가는 것을 보려고 밖으로 나왔습니다. 그것을 보면서 어떤 사람은 비웃고, 어떤 사람은 위협하고, 또 어떤 사람은 어서 돌아오라고 고함을 질러댔습니다. 그들 중 두 사람이 강제로라도 그를 데려오기

로 했습니다.

한 사람의 이름은 '고집'이었고, 다른 하나는 '연약'이었습니다.

달려가고 있던 사람과 거리가 많이 떨어져 있었지만 그들은 달려가 따라잡기로 결심하고 뒤쫓아가 이내 그를 붙잡았습니다.

"여보시오. 이웃 친구들! 어쩌자고 나를 따라오는 거요!"

그들은 대답했습니다.

"자네한테 돌아가자고 권하러 오는 것일세."

그러나 그는 머리를 저었습니다.

"그렇게 할 수는 없소. 당신들이 지금 살고 있는 곳은 멸망의 도시입니다. 조만간 당신들은 그곳에서 죽을 것이며 죽으면 무덤보다도 더 깊고 무서운 저주와 형벌과 유황불이 타는 지옥으로 떨어질 것입니다. 그러니 당신들도 마음을 돌이켜 나와 함께 갑시다."

"뭐라구요? 친구들과 즐거운 생활을 버리고 떠나라구요?"

고집이 놀라 말했습니다.

그러나 그리스도인은 단호했습니다.

"그렇습니다. 당신들이 지금 버리고 떠나야 할 수많은 것들도 지금 내가 찾고 있는 참된 즐거움에 비하면 아무 가치가 없는 것들입니다. 당신들이 나와 함께 가서 그 참된 진리를 잡기만 하면 당

신들은 나와 함께 복락을 누릴 것입니다. 내가 찾아가는 곳은 모든 것이 풍족하여 마음껏 쓰고도 남는 곳이지요(눅15:17). 우리 함께 갑시다. 내 말을 한번 시험해 보십시오."

고집 세상 향락을 버리고 당신이 찾는 것이 도대체 무엇이오?

그리스도인 그것은 썩거나 녹이 슬거나 쇠하지 않는 기업을 얻는 것입니다. 이러한 것들은 하늘나라에 안전하게 보존되어 있으며, 때가 이르면 그것을 찾는 자들에게 주어질 것입니다. 자, 여기 이 책에 씌어 있는 것을 보시오.

고집 그까짓 책은 집어치시오. 돌아가겠소, 안 돌아가겠소?

4. 고집

그리스도인 돌아갈 수 없소. 나는 이미 한 손에 쟁기를 잡고 있기 때문이오(눅 9:62).

고집 연약 씨! 이 사람은 버려 두고 돌아갑시다. 이 사람처럼 정신이상으로 환상을 보면 지혜로운 일곱 현인들보다 자기가 더 지혜로운 줄로 생각하니까 어쩔 수 없소.

연약 함부로 비난하지는 말아요. 이 선한 그리스도인이 하는 말이 사실이라면 그가 추구하는 것이 우리가 찾는 것들보다 나을지도 모르지 않소. 나도 이분을 따라 동행하고 싶은 마음이오.

고집 뭐라고? 바보가 하나 더 생겼군. 내 말대로 어서 돌아갑시다. 이렇게 정신이 이상한 친구가 당신을 어디로 끌고 갈지 누가 알겠소? 정신 차리고 지혜롭게 어서 집으로 돌아갑시다. 돌아가자구요.

그리스도인 연약 형제, 나와 함께 갑시다. 나와 함께 동행하면 내가 말하는 것들을 얻을 수 있을 뿐만 아니라 그밖에도 많은

영광스러운 일들을 체험하게 될 것입니다. 내 말을 믿지 않는다면 여기 이 책을 읽어보세요. 이 안에 기록되어 있는 진리는 그것을 지으신 분의 피로 증명되어 있답니다 (히 9:17,22).

연약 여보시오, 고집 선생. 나는 이제 결심을 했소. 나는 이 착한 그리스도인과 동행하며 내 운명을 맡겨 보고자 합니다. 그리스도인 형제, 당신은 소망 있는 곳으로 가는 길을 알고 계십니까?

그리스도인 전도자라는 분이 내게 길을 알려 주었지요. 저 앞에 보이는 좁은문을 향하여 가면 누군가 나와서 지시해 줄 것입니다.

연약 그리스도인 형제 함께 갑시다.

그들은 좁은문을 향해 떠났습니다.

고집 난 돌아가겠소. 당신들처럼 얼빠진 자들과 어울리고 싶지 않으니까 말이오.

그리하여 고집은 집으로 돌아가고 그리스도인과 연약 씨는 오순도순 이야기를 주고받으며 넓은 평원을 걸어가는 것을

나는 꿈을 통해 볼 수 있었습니다. 그들이 나누는 대화는 다음과 같았습니다.

그리스도인 유연 형제, 기분이 어떻습니까? 이렇게 동행하기로 결정해 주시니 반갑습니다. 돌아간 고집 선생도 아직 경험해 보

진 않았겠지만 내가 느낀 것과 같은 공포와 어떤 압박감을 느꼈더라면 그렇게 경솔하게 우리를 떠나지는 않았을 겁니다.

연약 그리스도인 형제, 여기엔 우리 둘밖에 없습니다. 도대체 우리가 추구하고 있는 것이 어떤 것이며 어떻게 그것을 향

유하게 될 것인지, 그리고 지금 우리가 어디로 가고 있는지를 좀더 상세히 이야기해 주십시오.

그리스도인 말로 그것을 표현하기보다는 마음으로 전할 수 있다면 훨씬 좋겠소. 하지만 당신이 그토록 알기를 원하니 이 책에 있는 것을 읽어 드리겠소.

연약 당신은 이 책에 있는 말들이 진실이라고 확신하십니까?

그리스도인 물론이지요. 이 책은 거짓말을 하지 않는 하나님의 말씀을 기록한 것이기 때문입니다(딛 1:2).

연약 도대체 무엇이 기록되어 있습니까?

그리스도인 말씀에 의하면 영원히 멸하지 아니하는 천국이 있는데 그곳에서는 영원한 생명을 얻게 되며 우리는 영원히 천국에서 살 수 있을 것입니다(사 45:17, 요 10:27~29).

연약 참 좋은 말씀이군요. 그밖에는요?

그리스도인 우리 머리에는 영광의 면류관이 씌워질 것이며 하늘에 떠있는 태양처럼 찬란히 빛나는 아름다운 옷을 입게 될 것입니다.

연약 생각만 해도 유쾌한 일이군요. 또 무엇이 있습니까?

그리스도인 그곳에서는 울거나 슬퍼할 일이 없습니다. 왕국의 주인이신 하나님께서 우리의 눈물과 슬픔을 씻어주실 테니까요(사 25:6~8, 계 7:16~17, 21:4).

연약 그곳에서는 어떤 친구들과 살게 될까요?

그리스도인 그곳에서는 보기만 해도 눈이 부신 아름다운 피조물들과 스랍 천사들 그리고 그룹 천사들과 살게 될 것입니다. 우리보다 앞서 간 수천 수만의 성도들도 만나게 될 것입니다. 그들은 우리를 해치지 않을 것이며 모두 사랑이 충만하고 거룩한 분들입

니다. 누구나 하나님께서 보시는 앞에서 자유로이 거닐 수 있고, 그 분과 함께 거하며 영원한 구원과 은총을 입게 될 것입니다(사 6:2, 살전 4:16). 우리는 황금 면류관을 쓴 장로들(계 4:4)과 황금 거문고를 타는 거룩한 동정녀들(계 14:1~5)을 보게 될 것이오. 오직 하나님을 믿고 사랑했기 때문에 세상에서 따돌림을 받아 갈가리 찢기고 불 속에 던져지고 짐승들에게 먹히고 바다에 빠져 죽은 사람들이 모두 하나님의 은총으로 건강하게 다시 살아나 영생불멸의 옷을 입고 사는 것을 보게 될 것입니다(요 12:25, 고후 5:2~4).

연약 말만 들어도 흐뭇하군요. 그런 복락을 정말 누릴 수 있을까요? 어떻게 해야 우리도 나누어 가질 수 있을까요?

그리스도인 그 나라의 통치자이신 하나님께서 이 책에 기록해 놓으셨습니다. 우리가 진심으로 그 은총을 얻고자 한다면 그분께서는 아무 조건 없이 주시지요(사 55:1~3, 요 6:37, 계 21:6, 22:17).

연약 그렇군요. 그 말을 들으니 기쁘기 한이 없습니다. 걸음을 좀 더 빨리 합시다.

그리스도인 등에 진 무거운 짐 때문에 빨리 걸을 수가 없군요.

5. 연 약

나는 꿈속에서 그들의 이야기가 다 끝나갈 무렵 그들이 평원 가운데 있는 깊은 수렁에 가까이 다가와 있는 것을 보았습니다. 그들은 이야기에 정신이 팔려 걸어가다가 그만 둘 다 깊은 진흙 수렁에 빠지고 말았습니다. 진흙 수 렁의 이름은 '절망의 늪'이었습니다.

그들은 한참 동안 빠져 나오려고 허우적거리다가 온몸이 진흙투성이가 되고 말았습니다. 그리스도인은 등에 짊어진 무거운 짐으로 인하여 진흙 수렁속으로 점점 가라앉기 시작했습니다.

연약 그리스도인 형제, 당신은 지금 어디 있소?
그리스도인 나도 잘 모르겠소.

이 말에 연약은 화가 나서 동료 그리스도인에게 소리를 버럭 질렀습니다.

연약 당신이 내게 말한 행복이라는 게 겨우 이런 것이었소? 출발하자마자 이런 고생을 하게 됐으니 앞으로 어떤 고생을 해야 하는지 어떻게 예측할 수 있겠소? 만일 여기서 목숨을 건질 수 있다면 나는 상관말고 당신 혼자나 그 멋진 나라를 찾아가시오.

이렇게   말하면서
연약 씨는 필사적
으로 허우적거리다
가 마침내 그의 집
가까운 쪽에 있는
늪 가로 기어올랐
습니다. 그는 뒤도
돌아보지 않고 집
으로 가버렸고 그
리스도인은 그 후
로 다시는 그를 만
나지   못하였습니
다.

6. 도 움

수렁 속에 남은 그리스도인은 집 쪽에서는 멀고 좁은 문 쪽으로는 가까운 늪의 가장자리로 기어오르려고 필사적으로 노력했습니다. 마침내 그는 늪의 가장자리에 이르렀으나 등에 달린 무거운 짐 때문에 빠져나올 수가 없었습니다. 이때 '도움(Help)'이라는 사람이 그에게로 다가와 무얼 하고 있느냐고 물었습니다.

그리스도인 선생님, 전도자라는 사람으로부터 이 길로 가라는 지시를 받았습니다. 그는 또 임박한 진노를 피하기 위해서 이 길로 나아가 저쪽에 있는 문으로 가야 한다고 가르쳐 주었지요. 그래서 그리로 가던 길에 그만 이 수렁에 빠지고 말았습니다.

도움 왜 당신은 앞을 잘 살펴보지 않았소?

그리스도인 두려움에 몰려 다른 길로 도망하려다 그만 여기에 빠진 것입니다.

도움 그렇다면 손을 이리 주시오.

도움은 손을 내밀어 그를 끌어올린 다음 가던 길을 어서 가라고 했습니다. 그때 나는 그리스도인을 끌어내 준 도움에게로 다가가 말을 건넸습니다.

"선생님, 이 길은 멸망
의 도시로부터 좁은문
으로 가는 길이라고 들
었는데 왜 도중에 있
는 이 수렁을 고치지
않았습니까? 그렇게
했더라면 여행자들이
안전하게 문을 향해 갈
수 있었을 텐데요."

그는 이렇게 설명해 주었
습니다.

"이 깊은 늪은 고칠 수
가 없는 곳입니다. 죄가 있다고 판결 받은 자들로부터 나오는 온
갖 더러운 찌꺼기와 허물들이 끊임없이 이곳으로 흘러 들어오기
때문에 '절망의 늪'이라고 부르게 되었답니다. 또한 죄인들이 자

신의 잃어버린 영혼에 대
해 깨닫게 되었을 때, 그
의 영혼 속에 일어났던
온갖 두려움과 의심과 절
망들이 모두 이곳으로 흘
러와 고여 있기 때문에
이곳은 늘 좋지 못한 수
렁으로 남아 있는 것입니
다. 이곳이 깊은 절망의

수렁으로 남아 있는 것을 하나님께서는 좋아하지 않으십니다. 그래서 1600여 년 동안 하나님께서 보내신 전국 측량기사들의

지시에 따라 많은 일꾼들을 보내어 이 수렁을 메워 보려고 온갖 노력을 해 보았지만 아무 소용이 없었습니다. 내가 알고 있기로는 이 수렁을 메우기 위하여 천국의 각 지역으로부터 계절을 가리지 않고 건전하고 유익하며 훌륭한 교훈들을 모아 이만여 대의 수레에 실어 이곳에 쏟아 넣었습니다. 지혜로운 사람들이 이 수렁을 메우기 위해서는 세상에서 가장 좋은 재료라고 말하는 것들만 쏟아 넣었는데도 여전히 이곳은 '절망의 늪'으로 남아 있는 것입니다. 어느 누가 할 수 있는 최선을 다한다고 할지라도 결과는 마찬가지일 것입니다.

그리하여 사실은 하나님의 지시에 따라 이 수렁의 한 가운데에 매우 훌륭하고 튼튼한 디딤돌을 갖다 놓았지만 계절이 바뀔 때마다 이 수렁 자체가 온갖 더러운 오물과 진흙탕물을 토해 놓기 때

문에 잘 보이지 않습니다. 혹 그것들이 보였다고 할지라도 사람들은 머리가 어지럽고 혼동이 되어 발을 헛디디고 말아 결국 수렁에 빠지게 되지요. 그러나 일단 문 쪽으로 올라서기만 하면 그곳의 땅은 단단하답니다 (삼상 12:22)."

이때 나는 꿈속에서 유연 씨가 벌써 자기 집으로 돌아와 있는 것을 보았습니다. 그의 이웃들은 그를 만나기 위하여 와 있었는데, 어떤 사람들은 그가 돌아온 것이 현명한 처사라고 칭찬해 주었고 어떤 사람은 그가 그리스도인을 따라가 위험한 모험을 한 것에 대해 어리석은 짓이라고 놀려대었습니다.

또 어떤 사람들은 '사람이 한번 마음을 먹고 모험을 시작했으면 끝을 보아야지 작은 난관 하나 못이기고 금방 포기하고 돌아오는 것은 비겁한 행동이야라고 한 마디씩 하면서 그를 비웃기도 했습니다. 그리하여 연약은 풀이 죽은 채 그들 가운데에 앉아 있었는데 차츰 용기를 얻게 된 그는 화제를 바꾸어 그리스도인을 몹시 비난하고 조롱하기 시작했습니다. 유연 씨에 대한 이야기는 여기서 끝내기로 합니다.

7. 유 식

그리스도인은 외롭게 평원을 걷고 있었는데 평원 저쪽에서 마주 걸어오는 사람을 보았습니다. 그들은 점점 가까이 다가서다가 마주치게 되었습니다.

그 사람은 학식이 매우 높은 신사로 그리스도인의 고향에서 그리 멀지 않은 육욕의 거리에 사는 유식이라는 사람이었습니다. 그렇기 때문에 이 사람

은 그리스도인을 보자 그의 행동에 대해 어렴풋이 알고 있었습니다. 왜냐하면 그리스도인이 고향인 멸망의 도시를 떠나 영생을 구하러 떠나간 일이 그가 살고 있던 도시에서뿐만 아니라 이웃 지역에서도 커다란 화제가 되었기 때문이었습니다. 유식은 그의 걸음걸이가 몹시 피곤하게 보일 뿐만 아니라 한숨과 신음과 고뇌의 표정으로 보아 그리스도인일 거라고

짐작하고 그에게 다가가 말을 걸었습니다.

유식 안녕하시오, 당신은 그 무거운 짐을 지고 어딜 가시오?

그리스도인 무거운 짐을 지고 있다구요? 사실 세상에 어느 누구도 나처럼 힘들고 가련한 존재는 없을 것입니다. 어디로 가는 길이냐고요? 나는 저쪽 문을 향해 가고 있는데 그 문까지 가면 이

찾아가는 길입니다.

유식 당신은 아내와 자식들이 있지 않습니까?

그리스도인 예, 하지만 이 무거운 짐 때문에 옛날처럼 그들과 함께 즐거움을 나눌 수 없게 되었습니다. 그러니 이제 내겐 그들은 없는 거나 마찬가지로 생각됩니다.

유식 내가 조언을 해 드린다면 귀담아 들으시겠소?

그리스도인 좋은 의견이라면 듣겠습니다. 좋은 것을 원하고 있거든요.

유식 그렇다면 한시바삐 그 무거운 짐을 벗어버리시오. 짐을 벗어버리기 전까지는 결코 마음의 안정을 얻지 못할 것이며 하나님이 당신에게 베푸시는 축복도 누리지 못할 것입니다.

그리스도인 이 짐을 빨리 벗어버리는 것이 나의 소망입니다. 하지만 내 힘으로는 짐을 벗을 수가 없어요. 또 이 땅에는 이 무거운 짐을 벗겨 줄 사람도 없지요. 그래서 말씀드린 바와 같이 이 짐을 벗기 위해서 길을 가고 있는 중이랍니다.

유식 이리로 가면 짐을 벗을 수 있다고 한 사람이 누구입니까?

그리스도인 매우 위대하고 고귀한 분같이 보였습니다. 이름이 전도자라고 했습니다.

유식 그 사람의 충고를 비난하지 않을 수 없군요. 그가 당신에게 가르쳐 준 방법은 세상에서 가장 위험하고 어려운 방법일 거요.

만일 당신이 그 방법대로 따르고자 한다면 앞으로 위험한 고비들을 수없이 넘게 될 것입니다. 조금 전에 당신이 '절망의 늪'에 빠져 온몸이 진흙투성이가 된 것을 보니 벌써 위험한 고비를 하나 넘겼음을 알 수 있군요. 그러나 이 길을 가는 사람들이 당할 어려움을 생각해 볼 때 그 수렁은 단지 시작에 불과합니다. 나는 당신보다 나이를 더 먹었으니 내 말을 귀담아 들으시오. 이 길을 계속 따라가다가는 피로와 고통, 굶주림, 공포, 헐벗음, 시퍼런 칼날,

사자들, 용, 암흑 등 한 마디로 말해 죽음 그 자체를 만나는 것입니다. 그것은 틀림없는 사실이며 이미 그런 것들을 겪어 본 여러 사람들의 증언으로 확인된 것이오. 도대체 낯선 사람의 말을 듣고 자신의 운명을 그렇게 아무데나 던져 버릴 이유는 없지 않소?

그리스도인 현명하신 선생님, 지금 말씀해주신 그 모든 고통과 위험보다도 내 등에 지워진 이 짐이 내게는 더 괴롭고 무겁게 느껴집니다. 만일 이 무거운 짐들을 벗어 던질 수만 있다면, 그래서 영생의 구원을 얻을 수만 있다면 도중에 어떤 고통과 어려움을 만나더라도 나는 두려워하지 않을 것입니다.

유식 어떻게 그 무거운 짐을 진 줄 알게 되었습니까?

그리스도인 이 책을 읽은 후부터입니다.

유식 그럴 것이라고 짐작했소. 연약한 인간들에게 일어나기 쉬운 일이 당신에게도 생긴 것이오. 그러한 사람들은 자신들의 수준에 맞지도 않게 고상한 것들을 추구하면서 쓸데없는 걱정에 휩싸이

다가 갑자기 당신처럼 정
신착란증에 빠지게 만드
는 것입니다. 정신착란증
은 당신이 스스로 택한
어리석은 행동의 결과처
럼 사람으로 하여금 인간
성을 잃게 하여 자신도
잘 알지 못하는 것을 얻
으려고 무모한 모험을 하
게 만드는 것입니다.

그리스도인 나는 자신이
무엇을 얻고자 하는지 알
고 있습니다. 지금 등에
짊어진 이 무거운 짐을 벗어 던지는 일입니다.

유식 짐을 벗기 위해 그처럼 많은 위험과 고통이 눈앞에 있는 줄
뻔히 알면서 모험을 해야 할 이유가 무엇이오? 내 말에 귀를 기
울여 준다면 당신이 장차 당하게 될 온갖 어려움과 위험한 난관

을 만나지 않고도 바라는 것을
얻을 수 있는 비결을 가르쳐 드
리겠소. 그 방법은 아주 간단하
오. 당신은 온갖 위험 대신에 안
전과 우정과 만족감을 얻을 것
이오.

그리스도인 선생님, 그 비결을
알려 주십시오.

유식 저쪽을 보시오. 저쪽에 있

는 도덕(道德:Morality)이라는 마을에는 율법(律法:law)이라는 이름의 신사가 살고 있소. 그 분은 판단력이 뛰어나기로 명성이 높은 분인데 당신같이 무거운 짐을 지고 고생하는 사람들을 도와 짐을 벗겨주는 비결을 가지고 있소. 특히 정신이 돈 사람을 잘 치료한다오. 가기만 하면 금방 도움을 받을 것이오. 그 집은 여기서 채 1마일도 되지 않는 곳에 있소. 만일 그분께서 집에 계시지 않거든 예의(禮義:Civility)라는 이름을 가진 그의 젊은 아드님을 찾으시오. 그도 역시 아버지 못지 않은 판단력과 능력을 가지고 있으니 당신의 짐을 쉽게 벗겨 줄 것이오. 만일 당신이 집으로 돌아가고 싶지 않다면, 물론 나 역시 당신이 집으로 돌아가는 것을 원치 않지만, 당신은 부인과 자녀들을 이 마을로 데려와 살 수도 있소. 그 마을에는 비어 있는 집들이 많기 때문에 집을 쉽게 구할 수 있고, 품질이 좋으면서도 값싼 음식들이 많기 때문에 당신은 행복한 생활을 누릴 수 있을 것이오. 그리고 믿을 수 있는 이웃과 함께 만족한 생활이 보장될 것이오.

말을 다 듣고 난 그리스도인은 잠시 망설였으나 곧 결심을 했습니다. 만일 이 신사가 한 말이 사실이라면 그의 말대로 하는 것이 현명한 것이라는 생각이 들어 다시 물었습니다.

그리스도인 그 분의 집은 어디 있습니까?

유식 저쪽 높은 언덕이 보이시오?

그리스도인 보입니다.

유식 저 언덕을 넘으면 첫 번째 집이 바로 그 분의 집이오.

8. 율 법

그리스도인은 길을 바꿔 손쉽고 현명한 도움을 얻기 위하여 율법의 집을 향했습니다. 그러나 어찌된 일인지 언덕 가까이에 이르렀을 때 언덕은 매우 높고 가파를 뿐만 아니라 중턱 여기저기에는 커다란 바위와 깊은 골짜기가 있었습니다. 바위들이 머리 위로 떨어지지 않을까 두려워서 더 이상 나아갈 수가 없었습니다. 마침내 그는 언덕 앞에 우두커니 서서 망설이고 있었습니다.

그런데 길을 바꾸어 새 길로 접어들면서부터 짊어진 짐이 전보다 훨씬 무겁게 느껴졌습니다. 그 때 갑자기 언덕 위에서 불길이 활활 타올랐습니다. 그것을 본 그리스도인은 올라가다가는 불길에 휩싸여 타죽을지도 모른다는 공포를 느꼈습니다(출 19:16~18). 그는 땀을 흘리면서 떨기 시작했습니다(히 12:21)

그리스도인은 유식의 충고를 받아들인 것 때문에 후회하기 시작했습니다. 이때 전도자가 그를 만나러 저쪽에서 다가오고 있었습니다. 그것을 보고 그리스도인은 부끄러움과 죄책감으로 얼굴이 빨개졌습니다. 가까이 다가온 전도자는 엄한 표정으로 그리스도

인을 향해 나무라기 시
작했습니다.

전도자 여보시오. 그리
스도인. 어찌하여 이리
오게 되었소?

그 말에 그리스도인은 당황
하면서 얼굴을 붉힌 채 대답
을 못했습니다. 전도자가
다시 물었습니다.

전도자 당신이 바로 '멸
망의 도시' 성문 밖에서
울며 괴로워하던 사람
이 아닙니까?

그리스도인 예, 제가 바
로 그 사람입니다.

전도자 내가 당신에게
'좁은문'으로 가는 길을 가르쳐 드리지 않았습니까?

그리스도인 예, 그렇습니다.

전도자 어쩌자고 이렇게 결심을 바꾸게 되었소?

그리스도인 절망의 늪에서 가까스로 빠져나오자 신사 한 분을 만
났는데 그 분께서 저쪽 언덕 너머에 있는 마을로 가면 이 무거운
짐을 벗겨줄 사람을 만나게 될 거라고 하여……

전도자 그 분은 어떤 사람이었소?

그리스도인 매우 점잖고 권위 있는 신사 같았는데 어찌나 말을
잘 하는지 결국 제가 그 말에 현혹되어 딴 길로 들어서게 되었습
니다. 그러나 여기까지 와서 눈앞에 놓인 언덕을 바라보니 커다

란 바위가 여기저기 깔려 있고 불길이 타오르고 있어 그냥 저 길로 가다가는 죽음을 만날 것 같아서 두려움에 사로잡힌 채 걸음을 멈추게 되었지요.

전도자 그 신사가 뭐라고 하던가요?

그리스도인 어디로 가느냐고 묻기에 사실대로 대답했습니다.

전도자 다음에 뭐라고 물었습니까?

그리스도인 가족이 있느냐고 묻더군요. 그래서 그렇다고 대답했지요. 그러나 이처럼 무거운 짐을 짊어지고는 예전처럼 그들과 즐겁게 지낼 수가 없다고 말했습니다.

전도자 그랬더니 또 뭐라던가요?

그리스도인 그는 내게 빨리 짐을 벗어 던지라고

하더군요. 그래서 저 역시 짐을 벗어버리기를 바라기 때문에 구원받을 수 있는 데를 가기 위해 저쪽 문을 향하여 가는 중이라고 했지요. 그랬더니 그는 당신이 내게 가르쳐 준 길처럼 많은 어려움과 위험이 따르지 않는 훨씬 편하고 빠른 지름길을 가르쳐 주겠다고 했습니다. 그 길로 가면 판단력이 뛰어나고 이러한 짐을 쉽게 벗겨 줄 고귀한 신사의 집에 이르게 된다고 했지요. 그리하

여 빨리 이 짐을 벗어버리고 싶은 생각에 그만 귀가 솔깃해서 가던 길을 버리고 이 길로 들어서게 되었습니다. 그러나 막상 여기까지 와 보니 언덕이 너무 위험하여 죽음을 당할까 두려워서 어찌 할 바를 모르고 서 있는 중입니다.

전도자 그렇다면 기다리시오. 하나님 말씀을 보여드리겠소.

그는 떨고 서 있었고 전도자가 하나님의 말씀을 읽어 주었습니다. "너희는 삼가 말하신 자를 거역하지 말라 땅에서 경고하신 자를 거역한 저희가 피하지 못하였거든 하물며 하늘로 좇아 경고하신 자를 배반하는 우리일까 보냐(히 12:25)." 그는 다시 계속 읽어 주었습니다. "오직 나의 의인은 믿음으로 말미암아 살리라. 또한 뒤로 물러가면 내 마음이 저를 기뻐하지 아니하리라(히 10:38)."

그는 하나님의 말씀을 읽고 나서 그 말씀을 적용하여 말하기 시작했습니다. "당신은 지금 지극히 높으신 하나님의 권고를 물리치고 평화를 향한 길에서 벗어나 파멸과 멸망의 길로 들어서고 있소."

이 말에 그리스도인은 하얗게 질린 채 죽은 듯이 전도자의 발 앞에 엎드려 울부짖었습니다.

"오 슬픈 일입니다. 이젠 다 틀렸으니 저주받아 마땅한 저는 어찌해야 좋을까요?"

그러나 전도자는 그리스도인을 잡아 일으키면서 말했습니다.

"인간이 어떤 죄를 지었든지 모든 죄와 훼방은 사하심을 얻을 수 있으니(마 12:31, 막 3:28) 믿음을 버리지 말고 믿음 있는 자가 되도록 하십시오(요 20:27)."

이 말을 듣고 그리스도인은 다소 생기를 얻은 듯했으나 아직도 두려움에 떨며 전도자 앞에 서 있었습니다. 전도자는 계속 말했습니다.

"지금부터 내가 말씀드리는 것을 주의 깊게 들어주시오. 당신을 현혹시킨 자가 누구며 누가 그 자를 당신께 보냈는지 가르쳐 드리겠습니다. 당신이 만났던 사람은 유식이라는 사람인데 그는 그렇게 불리는 것이 마땅한 사람이지요. 왜냐하면 그는 이 세상의 교훈이나 선조를 좋아하기 때문에 늘 도덕이란 도시의 교회에만 나가고 있습니다. 또한 그는 세속 교훈이나 선조가 십자가를 지지 않고서도 그를 어려움에서 구해 줄 수 있다고 생각하기 때문에(갈 6:12) 그런 것들을 가장 신봉하며 좋아하는 것입니다. 이와 같은 그의 세속적인 기질 때문에 당신을 방해하여 옳은 길을 벗어나 딴 길로 가도록 권한 것이지요. 그 자의 권고 중에 당신이 반드시 물리쳐야 할 세 가지 중요한 점이 있습니다. 첫째, 당신을 바른 길에서 벗어나게 한 점. 둘째, 당신이 십자가를 멀리하게 유도한 점. 셋째, 당신이 사망의 골짜기로 가도록 유혹한 점이오. 그는 당신을 유혹하여 가던 길을 버리게 했고 당신의 말대로 행동하게 된 것을 혐오하고 두려워해야

합니다. 유식의 그릇된 권고를 따르는 것은 하나님의 권고를 거부하는 것이기 때문입니다. 하나님께서는 '좁은문으로 들어가기를 힘쓰라(눅 13:25)'고 말씀하셨는데 내가 당신에게 가르쳐 준 길이 바로 그 좁은 문입니다. 주님께서는 '멸망으로 인도하는 문은 크고 그 길이 넓어 그리로 들어가는 자가 많고 생명으로 인도하는 문을 좁고, 길이 협착하여 찾는 이가 적음이니라'(마 7:13~14)라고 말씀하셨습니다. 그런데 그 악한 세속 현자는 좁은 길로 가는 당신을 유혹하여 파멸의 길로 이끌었소. 그의 말에 넘어간 당신과 그 악한 현자를 혐오해야 합니다. 두 번째로 그 자가 당신이 십자가의 짐을 피하도록 유도했으니 이를 혐오하지 않으면 안 됩니다. 당신은 십자가를 '애굽의 보화'보다 귀히 여길 줄 알아야 하기 때문입니다(히 11:25~26). 그뿐 아니라 영광의 왕이신 주님께서는 '제 목숨을 얻고자 하는 자는 잃을 것이요'라고 당신에게 말

쏨하셨고 그를
따르는 무리에게
'무릇 내게 오는
자가 자기 부모
와 처자와 형제
자매 및 자기 목
숨까지 미워하지
아니하면 능히
나의 제자가 되
지 못하리라'고
가르치셨습니다.
(마 10:37~39, 막
8:34~35,   눅
14:26~27,   요
12:25) 그러므로
무릇 죽지 않고
는 영생을 얻을
수 없다고 하신
진리의 말씀을 부정하는 자가 당신을 설득하려 한 것을 혐오해야
합니다. 셋째로, 그가 한 말을 그대로 믿고 쉽사리 발길을 돌려
사망의 권세로 이르는 길에 들어선 당신 자신을 미워하고 반성해
야 합니다. 그리고 찾아가 만나라고 가르쳐 준 그가 누구인가를
잘 생각해 보고 그는 무거운 짐을 벗겨 주지 못한다는 사실도 알
아야 합니다. 무거운 짐에서 구원받으려고 찾아가던 사람의 이름
은 율법인데, 그는 지금도 자녀들과 더불어 종노릇하고 있는 한
계집종의 아들입니다(갈 4:22~26). 그리고 위험하게 머리 위로

떨어질 것 같던 바위가 있던 시내산은 바로 그녀입니다. 자녀와 종노릇을 하고 있는 그들에게서 어떻게 구원받기를 기대할 수 있겠습니까?

그러므로 합법이라는 자가 당신의 짐을 벗겨 주지 못하리라는 것은 확실한 것입니다. 지금까지 누구도 그의 도움으로 짐을 벗은 일이 없었고 이후로도 있을 수 없는 것입니다. 사람이 율법의 행위로는 의롭다 하심을 얻지 못하니(롬 3:28), 이는 율법의 행위로는 누구도 짐을 벗을 수 없기 때문입니다. 그러므로 유식은 거짓말쟁이요, 율법이라는 자는 사기꾼에 불과하며 그의 아들인 예의는 겉으로는 점잖은 체하는 위선자에 지나지 않으며 그들은 당신을 도와줄 수 없는 사람들입니다. 그 어리석은 사람에게서 들은 이야기는 속임수일 뿐이며 당신을 현혹시켜 바른 길을 못 가게 함으로써 구원을 방해하는 자들입니다."

말을 마친 전도자는 자기가 한 말의 진실성을 증명해 달라고 큰소리로 하나님께 기도했습니다. 그러자 그리스도인이 서 있던 산 위에서 하나님의 말씀이 들리면서 큰 불길이 솟아올랐습니다. 그리스도인은 머리카락이 곤두서고 소름이 끼쳤습니다. 이때 하나님의 말씀이 선포되었습니다.

"무릇 율법행위에 속한 자들은 저주 아래 있나니 기록된 바 누구든지 율법 책에 기록된 대로 온갖 일을 항상 행하지 아니하는 자는 저주 아래 있는 자라 하였음이라(갈 3:10)

9. 회 개

구원을 받기는커녕 이제 죽을 수밖에 도리가 없다고 생각한 그리스도인은 큰소리로 울부짖었습니다. 그리고 유식을 만난 것을 저주하면서 거짓 충고에 넘어간 자신을 바보 중에 바보라고 비탄해했습니다. 또한 세속적인 욕망에서 나오는 그 현자의 충고에 현혹되어 바른 길을 버린 자신의 행동에 대해 깊은 부끄러움을 느꼈습니다.

다소 진정이 되었을 때 그리스도인은 전도자에게로 다가가 다음과 같이 간절한 호소를 하였습니다.

그리스도인 전도사님, 어쩌면 좋겠습니까? 제게 아직도 희망이 좀 있습니까? 이제라도 바른 길로 돌아가 좁은문을 향해 갈 수는 없을까요? 아니면 어리석은 실수로 희망을 잃은 채 부끄러운 모습으로 고향을 찾아야 할까요? 나는 그 유식의 거짓 충고에 현혹되었던 것을 몹시 후회하고 반성합니다. 죄를 용서받을 수 없을까요?

전도자 당신은 두 가지 실수를 함으로써 죄가 매우 큽니다. 바르고 선한 길을 버린 것이 그 하나요, 금지된 길로 간 것이 또 하나의 죄입니다. 그러나 문지기는 당신을 받아들일 것입니다. 그러니 다시는 옆길로 가지 않도록 단단히 주의하십시오. 만일 주의 진노가 발한다면 당신이 망할까 두렵습니다(시 2:12)

그리스도인은 다시 돌아갈 준비를 했고, 전도자는 그에게 입을 맞추며 어서 서둘러 하나님을 향해 떠나라고 미소로 격려해 주었습니다. 이렇게 해서 그리스도인은 서둘러 다시 걷기 시작했습니다. 도중에 만나는 어느 누구에게도 말을 걸지 않았고 또한 누가 그에게 말을 걸어 와도 대답을 하지 않았습니다. 그는 마치 금지된 구역을 걷고 있는 사람처럼 서둘러 걸었으며 세속 현자의 꾀임에 빠져 쉽사리 팽개쳐 버렸던 바른 길로 다시 들어서기 전까지는 결코 마음을 놓을 수가 없었습니다.

이렇게 해서 그리스도인은 얼마 후에 좁은 문 앞에 도착했습니다. 그 좁은 문 위에는 "두드리라, 그러면 열릴 것이니라"라는 문구가 씌어 있었습니다(마 7:7~8). 그래서 그리스도인은 두세 번 문을 두드리며 외쳤습니다.

"제가 들어가도 될까요? 비록 하나님의 말씀을 거역했던 쓸모 없

는 몸이지만
안에 계신
분이 긍휼히
여겨 받아
주신다면 저
는 저 높은
곳에 계시는
하나님께 영
원한 찬양을
부르겠나이
다."

10. 선 의

　마침내 친절이라 불리는 성실하고 침착해 보이는 사람이 나와서 문을 두드리는 사람이 누구며, 어디에서 왔고 또 무엇을 얻고자 하는지 물었습니다.
그리스도인 저는 무거운 짐을 진 죄인입니다. 다가올 하나님의 진노를 피하기 위해 멸망의 도시를 떠나 영생의 구원을 얻으려고 시온산을 향해 가는 길입니다. 선생님, 그리로 가자면 이 문을 지나야 한다고 들었습니다. 저를 들여보내 주십시오.

　그러자 친절은 "진심으로 환영합니다"라고 말하면서 기꺼이 문을 열어주었습니다. 그리스도인이 안으로 발을 들여놓았을 때 그 사람은 갑자기 그리스도인의 팔을 와락 끌어당겼습니다. "왜 이러십니까?" 하고 그리스도인이 묻자 친절은 이렇게 대답했습니다.
친절 이 문에서 약간 떨어진 곳에 큰 성 하나가 있습니다. 그 성 성주는 바알세불이라고 하는데 그와 그의 부하들은 이쪽을 향해 늘 화살을 날리고 있답니다. 그들은 악마들로서 이 문으로 들어서는 사람을 쏘아 죽이려고 기를 쓰지요.

그리스도인이 저는 기쁘기도 하고 두렵기도 합니다.

이렇게 대답했을 때 문지기가 어떻게 해서 이곳까지 오게 되었느냐고 물었습니다.

그리스도인 전도자라는 분이 이곳으로 와서 문을 두드리라고 일러주어 왔습니다. 그리고 그분께서 말씀하시기를 이곳에 오면 장차 내가 어떻게 해야 할지를 가르쳐 주시는 분이 계실 거라고 하더군요.

친절 당신 앞에 문이 열려 있습니다. 누구도 그 문을 닫을 수는 없습니다.

그리스도인 이제야 어려움을 겪으며 모험한 보람이 있는 것 같습니다.

친절 그런데 어째서 당신 혼자서만 왔습니까?

그리스도인 내 이웃들은 아무도 내가 느꼈던 멸망과 진노의 위험을 느끼지 못하고 있습니다.

친절 그들 중에 당신이 이리 오는 것을 알고 있는 사람이 있었습니까?

그리스도인 예, 맨 처음에 아내와 자식들이 내가 떠나가는 것을 알고는 어서 돌아오라고 소리소리 질렀지요. 다음엔 몇몇 이웃들이 집 밖으로 나오면서 어서 되돌아오라고 나를 불렀지만 나는 손가락으로 귀를 틀어막은 채 그냥 이쪽을 향해 달렸습니다.

친절 당신을 따라오면서 빨리 집으로 돌아가자고 설득하려는 사람은 없었나요?

그리스도인 있었습니다. 고집과 연약이라고 하는 두 사람이 저를 따라와 설득하려고 했지만 제가 말을 듣지 않아 고집은 조롱을 하며 돌아갔고 연약은 한동안 따라왔었습니다.

친절 그런데 그는 왜 같이 오지 않았나요?

그리스도인 우리는 함께 이야기를 나누며 '절망의 늪'이라는 곳에 이르렀는데 갑자기 그 속으로 빠지게 되었지요. 간신히 그 늪에서 빠져나왔을 때 연약은 그만 낙심을 하고 더 이상 모험하기를 원치 않았어요. 그는 화가 나서 그 아름답고 영광이 가득 찬 나라는 나 혼자서 가지라고 하며 떠나가 버렸지요. 그는 고집의 뒤를

따라 다시 집으로 돌아갔고 저 혼자 이 문 앞까지 오게 되었습니

다.

친절 참으로 '불쌍한 사람이로군요! 천국의 영광이 얼마나 크고 아름다운지 그는 깨닫지 못하고 가볍게 여겼던 것 같습니다. 그 것을 얻자면 겪어야 할 난관들이 있습니다. 그것이 두려워 영생의 구원을 포기해 버리고 말았으니……

그리스도인 사실 저 역시 연약씨보다 나을 게 없는 사람입니다. 그가 도중에 포기하고 집으로 돌아가긴 했지만 저 역시 길을 오는 도중 유식의 거짓말에 현혹되어 사망의 길로 들어갔었으니까요.

친절 오! 그 사람을 만났었군요? 그 사람이 율법씨의 도움을 구하면 평안을 얻을 수 있다고 하지 않던가요? 그들은 모두 사기꾼에 불과합니다. 당신이 그 속임수에 넘어갔었단 말입니까?

그리스도인 예, 저는 그 말을 듣고 율법 씨를 찾기 위해 갈 수 있는 데까지 갔습니다. 그런데 율법의 집 앞에 우뚝 솟은 산이 마치 머리 위로 덮칠 것 같은 생각이 들어 그만 멈추고 말았답니다.

친절 그 산은 숱한 생명을 빼앗아갔고 앞으로도 많은 사람들이 생명을 잃을 것입니다. 당신도 그 산에 치어 산산조각이 날 뻔하였지만 피하였으니 다행입니다.

그리스도인 내가 그 산 앞에 이르러 당황하고 있을 때 마침 다행스럽게도 전도자님을 만나게 되었습니다. 그렇지 않았다면 거기서 어떻게 되었을지 알 수 없습니다. 그 분께서 다시 한번 제게 와 주신 것은 하나님의 은혜였으며 그렇지 않았더라면 영원히 이리로 오지 못했을 것입니다. 어리석고 용기가 부족하여 그 산에서 죽어 마땅한 제가 이렇게 당신과 이야기를 하고 있으니 이 얼마나 큰 주님의 은총입니까? 좁은문으로 들어올 수 있었다니 이 얼마나 자비로운 주님의 은혜입니까?

친절 당신이 여기까지 오는 동안 어떤 일을 했건 우리는 상관하지 않습니다. 주님께서 '내가 결코 내쫓지 아니하리라'고 약속하셨기 때문입니다(요 6:37). 그리스도인 씨, 잠깐 나와 함께 이쪽으로 가십시다. 당신이 가야 할 길을 가르쳐드리겠습니다. 저 앞을 보십시오. 저쪽으로 뻗어 있는 좁은 길이 보입니까? 그 길이 이제부터 당신이 가야 할 길입니다. 당신의 조상들과 많은 예언자들, 그리스도와 또 그의 제자들에 의해서 만들어진 길인데, 마치 자로 그어 놓은 것처럼 똑바로 닦여진 길입니다. 당신이 이제 가야 할 길입니다.

그리스도인 혹시 그 길에는 길을 잃을 만한 미로나 구부러진 곳은 없습니까?

친절 물론 저 길에는 그런 것들이 많이 연결되어 있습니다. 그런 길들은 모두 구부러져 있고 넓습니다. 그러나 바른 길은 오직 하나뿐이고 매우 좁고 곧게 뻗어 있어서 당신은 쉽게 그른 길을 분

간할 수 있을 것입니다(마 7:14).

　그때 나는 꿈속에서 그리스도인이 아직도 등에 지워져 있는 무거운 짐을 벗을 수 있도록 도와 줄 수 없겠느냐고 친절에게 간청하는 것을 보았습니다. 그 짐은 다른 사람의 도움 없이는 도저히 버릴 수 없는 것이었기 때문입니다. 그러나 친절은 그에게 이렇게 말해 주었습니다.

　"비록 당신의 짐이 무거울지라도 구원을 받을 때까지는 참고 그대로 지고 가십시오. 거기에 이르면 저절로 당신의 짐이 떨어져 나갈 것입니다."

그리스도인은 허리띠를 다시 동여매고 길 떠날 채비를 했습니다.

친절 이곳에서 얼마쯤 가면 '설교자'라는 사람의 집이 있는데 가서 문을 두드리십시오. 그러면 그 분께서 당신에게 여러 가지 훌륭한 것들을 보여 주실 것입니다.

　그리스도인이 친절에게 작별인사를 하자 친절은 하나님의 은총으로 그가 무사히 성공하기를 기원해 주었습니다.

11. 복 음

그리스도인은 설교자의 집에 당도하여 문을 두드렸습니다. 한참 후에야 한 사람이 문 쪽으로 나와 용건이 무어냐고 물었습니다.

그리스도인 전 멸망의 도시에서 온 나그네입니다. 이 댁 주인과 잘 아시는 분이 이곳을 방문하면 유익한 것을 보여 주실 거라고 가르쳐 주어서 왔습니다. 주인님을 좀 만나 뵈었으면 합니다.

문지기가 주인을 부르러간 지 얼마 되지 않아 주인이 그리스도인에게 와서 무슨 용건이냐고 물었습니다.

그리스도인 저는 멸망의 도시를 떠나 시온산을 향하여 가고 있는 나그네입니다. 저 좁은 문 안에 계신 분이 어른을 찾아 가면 여행길에 도움이 될 유익한 것을 보여 주실 거라고 해서 찾아왔습니다.

설교자 알았소. 들어오시오. 도움이 될 만한 것을 보여드리지요.

그는 하인에게 촛불을 켜라고 명한 후 그리스도인에게 따라오라고 했습니다. 한 비밀스런 방에 이르자 하인에게 문을 열라고 명하자 문이 열렸습니다. 안에는 아주 점잖게 보이는 사람의 초상화가 벽 위에 걸려 있었습니다.

두 눈은 하늘을 올려다보고 있었고 손에는 훌륭한 책이 들려 있었으며 입술에는 진리의 법칙이 씌어 있고 등뒤로는 온 세계가 펼쳐져 있었습니다. 또 머리 위에는 황금 면류관이 씌워 있었는데 그는 마치 세상 사람들에게 무언가 간절히 탄원하고 있는 듯한 모습이었습니다.

그리스도인 이 초상화는 무엇을 의미합니까?

설교자 초상화의 주인공은 천에 하나 있을까말까 한 귀한 분인데 이 분은 자녀를 낳을 수 있고(고전 4:15) 해산의 고통을 알고 있으며(갈 4:19) 낳은 자녀를 스스로 기를 수 있는 분입니다. 당신이 지금 보시는 바와 같이 그의 눈은 하늘을 올려다보고 있고 손에는 좋은 책이 들려 있으며 입술에는 진리의 법칙이 씌어 있습니다. 그가 하는 일은 참된 진리를 알려주고 세상의 어두운 곳을 밝혀주며 죄인들 앞에서 선에 대하여 설명해 주는 것입니다. 그리고 보시는 바와 같이 무엇인가 탄원하는 듯한 표정과 뒤에 전 세계가 그려 있고 머리에 황금 면류관을 쓰고 있는 것은 주님께 봉사하기를 힘쓰고 세상에 속한 헛된 것들을 멀리 하며 바르게 사는 사람에게 내세에서 영광의 면류관을 보상으로 받게 된다는 것

을 보여주는 것입니다.

그는 계속해서 말했습니다.

설교자 내가 이 그림을 먼저 당신에게 보여드린 이유는 당신께서 앞으로 가시고자 하는 곳에 이를 때까지 도중에 만나게 될 모든 고난에서 하나님이 인정해 주신 유일한 인도자가 되시기 때문입니다. 그러니 잘 보시고 기억해 주십시오. 이는 앞으로 여행하는 중에 바른 길로 인도하는 것처럼 하면서 사망의 길로 이끌어 가려는 자들이 많을 것이라는 것과 그 꾀임에 빠지지 않게 하기 위해서입니다.

설교자는 그리스도인의 손을 이끌고 매우 넓은 객실로 갔습니다. 그곳은 청소를 하지 않아서 온통 먼지투성이였습니다. 설교자는 잠시 둘러보더니 하인을 불러 청소를 시켰습니다. 하인이 청소를 시작하자 먼지가 어찌나 많이 일어나는지 그리스도인은 숨을 쉴 수가 없었습니다. 설교자가 옆에 있는 한 소녀에게 일렀습니다.

"물을 갖다 뿌리거라."

소녀가 물을 뿌리자 먼지가 가라앉고 방이 말끔해졌습니다.

그리스도인 이것은 무엇을 의미합니까?

설교자 이 객실은 복음의 은혜로 성화된 일이 없는 인간의 마음입니다. 먼지는 인간의 원죄와 부패를 의미합니다. 처음 방을 쓴

사람은 율법(Law)이
고 물을 갖다 뿌린
소녀는 복음(Gospel)
입니다. 보시다시피
처음에 율법이 방을
쓸기 시작하자 먼지
가 일어나 온 방을
채웠기 때문에 방이
깨끗해지기는커녕
오히려 질식해 버릴
지경이었지요. 이것
은 율법이라는 것이
죄를 발견하고 금지
시키기는 하지만 죄
를 뿌리째 뽑지는 못
하기 때문에 오히려 영혼의 죄를 소생시키고 힘을 돋구어 더 증
가하게 만들 뿐이라는 것을 당신에게 보여 드리기 위한 것입니
다. 그리고 한 소녀가 방에 물을 뿌리고 난 뒤에 청소를 하니까
아주 기분 좋게 깨끗해졌습니다. 이것은 거룩한 복음이 인간의
마음에 들어와 영향을 주게 되었을 때 마치 소녀가 마루에 물을
뿌려 먼지를 가라앉힌 것처럼 죄를 물리침으로써 영혼이 깨끗해
지고 마침내 주님과 함께 기거할 수 있는 영광을 얻게 된다는 것
을 보여 드리기 위한 것입니다.

12. 인 내

그때 나는 꿈속에서 설교자가 그리스도인의 손을 잡고 어떤 작은 방으로 가는 것을 보았습니다. 그곳에는 두 소년이 각기 의자에 있었는데 그 중 나이가 많은 소년의 이름은 성급이고 어린 소년의 이름은 인내였습니다. 성급은 매우 불만스런 표정으로 앉아 있었고 인내는 아주 조용하고 침착한 표정이었습니다.

그리스도인 성급이 불만을 품고 있는 까닭은 무엇입니까?

설교자 소년들의 아버지가 그들이 좋아하는 선물을 갖다 줄 테니 내년 초까지만 기다리라고 했지요. 그런데 성급은 당장 달라고 조르고 인내는 얌전히 기다리고 있는 중입니다.

이렇게 설명하는 사이 어떤 사람이 보물 자루를 짊어지고 성급에게로 다가와 그의 발아래 쏟아 놓는 것을 보았습니다. 욕망은 그것을 집어들어 제멋대로 낭비하고 즐기면서 인내를 비웃고 조롱했습니다. 그러나 얼마 되지 않아서 욕망은 모든 것을 써버리고 남은 것이라고 누더기밖에 아무 것도 남지 않았습니다.

그리스도인 이것이 무엇을 의미하는지 설명해 주십시오.

설교자 이 두 소년은 상징적인 인물입니다. 성급은 현세의 인간들을, 인내는 내세의 인간을 상징합니다. 우리가 본 것처럼 성급

이 당장 이 세상의 모든 것을 갖고자 하듯이 사람들은 모두 소유욕이 급합니다. 더 좋은 미래를 기다리지 못하는 것입니다. '손에 잡은 한 마리 새가 숲 속의 두 마리 새보다 낫다'는 속담이 있듯이 장차 다가올 하나님 나라의 소망보다 눈앞의 쾌락과 유익이 더 가치가 있다고 생각합니다. 그러나 욕망이 얻은 보물은 쾌락을 즐기는 동안 순식간에 끝나고 헌 누더기 조각밖에 남을 것이 없습니다. 이 세상의 물질에만 눈이 어두운 사람은 종말이 닥쳐올 때 그처럼 될 것입니다.

그리스도인 저는 비로소 인내가 얼마나 훌륭한 것인가를 깨달았습니다. 첫째로 좋은 것을 얻자면 기다릴 줄 아는 인내가 필요하며 둘째로 욕망이 누더기처럼 되었을 내가 얻을 영광이 어떤 것인가를 알게 되었습니다.

설교자 또 하나가 더 있습니다. 다가올 세상의 영광은 영원 불멸하지만 현세의 영광은 순식간에 사라질 허무한 것이라는 점입니다. 그러므로 이 세상의 좋은 것을 가졌다고 해서 인내를 비웃으면 안 됩니다. 나중에 좋은 것을 차지한 인내가 욕망을 비웃게 될 것이기 때문입니다. 먼저 좋은 것을 차지한 사람은 뒷사람에게 그 영광을 넘겨주어야 하지만, 나중에 차지할 사람은 다가올 좋은 것들에 대한 희망이 있을 뿐입니다. 그에게는 영화를 아무에게도 빼앗길 염려가 없습니다. 더욱이 처음에 자기 몫을 차지한 사람은 그것을 소비할 시간이 많아서 결국 남는 게 하나도 없게 되지만 나중에 차지하는 사람은 영원히 그것을 보전하게 될 것입니다. 그러므로 예수께 어느 부자에게 '너는 살았을 때에 네 좋은 것을 받았고 나사로는 고난을 받았으나 이제 저는 여기서 위로를 받고 너는 고민을 받느니라(눅 16:25)고 하였습니다.

그리스도인 저는 눈앞에 보이는 것들을 탐내지 않고 보이지 않는 미래의 소망을 바라보아야 한다는 것을 깨달았습니다.

설교자 당신은 진리를 말씀하셨습니다. '보이는 것들은 잠깐이요 보이지 않는 것들은 영원하기'(고후 4:18) 때문입니다. 그러니까 현세의 욕망과 육욕은 매우 가까운 사이이므로 인간은 곧 친밀하게 되지만 내세의 복락과 육욕과는 멀리 떨어져 있으므로 늘 불안한 거리감을 느끼게 되는 것입니다.

13. 은 사

꿈속에서 보니 설교자는 그리스도인의 손을 잡고 또 다른 방으로 갔습니다. 그곳 한쪽 벽에는 벽난로가 있고 불이 활활 타오르고 있었습니다. 한 사람이 벽난로 앞에 서서 그 불길을 끄기 위해 물을 열심히 끼얹고 있었으나 불길은 더 높이 뜨겁게 타오르는 것이었습니다.

그리스도인 이것은 무슨 뜻입니까?

설교자 이 불은 사람의 마음속에 작용하는 하나님의 은혜의 역사입니다. 이 불에 물을 끼얹어 끄려고 하는 자는 마귀입니다. 그럼에도 불구하고 불길은 점점 더 활활 타오르고 있습니다. 이제 그 이유를 보여 드리겠습니다.

설교자는 이렇게 말하면서 그리스도인을 데리고 벽의 뒤쪽으로 갔습니다. 거기에서는 한 사람이 손에 기름통을 들고 끊임없이, 그러나 남몰래 불 위에 기름을 끼얹고 있었습니다.

그리스도인 이것은 또 무슨 의미이지요?

설교자 이 분은 그리스도이십니다. 인간의 마음속에 이미 넣어준 은

혜를 보전하기 위하여 끊임 없이 은혜의 기름을 부어주고 계신 것입니다. 이렇게 하심으로써 마귀가 아무리 은혜를 없애려고 날뛰어도 인간의 영혼은 변함 없이 은혜가 충만합니다. 또한 이 분이 불을 보전하기 위하여 남몰래 벽 뒤에 서서 끊임 없이 기름을 부어 주고 계신 것으로 보아 한번 악마의 속임수에 빠진 영혼에게 그 은혜를 유지시키는 일이 얼마나 어려운 일인가를 당 신에게 가르쳐 주고 있는 것입니다.

14. 시 험

설교자가 또다시 그리스도인의 손을 잡고 아주 웅장한 궁전이 서있는, 보기에도 아름답고 으리으리한 곳으로 데리고 갔습니다. 이것을 본 그리스도인은 매우 기뻐하였습니다. 그 멋진 궁전 위에서는 금빛 옷을 입은 사람들이 거닐고 있었습니다. 그리스도인이 "우리도 저 궁전 안으로 들어갈 수 있습니까?" 하고 묻자 설교자는 그리스도인을 데리고 그 궁전 입구로 갔습니다. 어찌된 일인지 그 문간에는 들어가고 싶어하는 사람들이 많이 있었지만 누구도 감히 들어가지 못하고 있었습니다. 그 문에서 그리 멀지 않은 곳에 책상 하나가 놓여 있었고 그 앞에는 한 남자가 앉아 있었는데 책 한 권과 잉크병을 놓고 문안으로 들어가는 사람의 이름을 적으려고 대기하고 있었습니다. 그런데 입구에는 갑옷을 입은 병정들이 지키고 서서 안으로 들어가려는 사람을 닥치는 대로 해치고 막는 것 같았습니다. 그리스도인은 뜻밖의 광경에 놀랐으나 말없이 바라보고 있었습니다.

무장 병정들의 모습을 보고 두려움에 질린 사람들이 뒤로 물러서고 있을 때 매우 강해 보이는 한 사나이가 성큼성큼 명단을 적는 사람에게로 걸어가 이렇게 말하는 것이었습니다. "제 이름을 적어 주십시오." 말을 마치자 그는

검을 빼어들고 투구를 쓰고는
무장한 병정들이 지키고 있는
문간을 향해 용감하게 달려갔
습니다.

문간에 서 있던 병정들은 맹렬
한 힘으로 달려들었으나 그 사
나이는 조금도 굽히지 않고 용
감하게 달려들어 마구 칼을 휘
두르며 치열한 싸움을 벌였습
니다. 얼마 후 그 사나이 자신
이나 밀어내려는 병사들 모두
가 큰 상처를 입었지만 그 사나
이는 계속 길을 트며 앞으로 나
아가 마침내 궁정 앞에 다다랐
습니다. 이때 궁전 안과 궁전
위에서 거닐고 있던 사람들로

부터 즐거운 음성이 흘러나왔습니다.

들어오라. 들어오라
영원한 영광을 그대에게 주리라.

그리고 그 사나이가 궁전 안으로 들어서자 그에게도 금빛 옷을 입혀주는
것이었습니다. 그 광경을 지켜보던 그리스도인은 미소를 지으며 "이것이 무
엇을 의미하는지 저도 알 수 있을 것 같습니다. 자, 이제 다시 길을 떠났으면
합니다."하고 말하였습니다. 그러나 설교자는 "아닙니다. 내가 좀더 보여 드
릴 것이 있으니 마저 다 보시고 길을 떠나십시오." 하고 대답하는 것이었습니
다.

그는 다시 그리스도인의 손을 잡고 아주 캄캄한 방으로 들어갔습니다. 그
방안에는 쇠창살이 달린 감방이 있었고 그 감방 안에 한 사나이가 앉아 있었
습니다. 그 사나이의 표정은 깊은 슬픔에 젖어 있었으며 팔짱을 낀 채 가슴
을 쥐어뜯을 듯이 깊은 한 숨을 내쉬면서 땅만 내려다보고 있었습니다. "이것
은 무엇을 의미하는 것인가요?" 하고 그리스도인이 물었을 때 설교자는 직접

가서 물어 보라고 했습니다. 그
리스도인은 그에게로 다가가 "당
신은 누구요?" 하고 물어보았습
니다. 그 남자는 "예전에 이런
사람이 아니었는데 이제는 그만
이런 꼴이 되었습니다." 하고 대
답했습니다.

그리스도인 그렇다면 전에
는 어떤 사람이었습니까?

남자 그 전에는 나 자신은
물론 다른 사람들도 모두
인정해 주는 훌륭한 신자였
고 박식한 사람이었지요.

그 당시만 해도 틀림없이 하늘나라에 갈 수 있다고 믿고 (눅 8:13)
자신하면서 그러한 생각을 할 때마다 기뻐하곤 했지요.

그리스도인 그런데 지금은 어떻다는 말씀입니까?

남자 이제는 절망의 인간이 되어 버린 채 이 쇠창살 감방 안에 갇
힌 후 아무데도 나갈 수가 없게 되었습니다. 아! 이젠 나갈 수가
없어요.

그리스도인 어쩌다가 이렇게 되었소?

남자 항상 깨어 근신하지 못하자(살전 5:6) 세상적 정욕이 내 목
을 얽매었고 나는 마침내 말씀의 빛과 하나님의 선하심에 거역하
는 죄를 지었습니다. 내가 성령을 거슬리고 슬프게 하였기 때문
에 성령이 내게서 떠나 버렸고 마귀의 유혹에 빠져 마귀가 내 마
음 안으로 들어오게 되었습니다. 내가 늘 하나님을 거역하고 노
엽게 하였으므로 하나님께서는 마침내 나를 떠나셨고 이미 내 마
음은 너무나 굳어져 있기 때문에 회개할 수도 없게 되고 말았지

요.

　이 말을 듣고 나서 그
리스도인은 설교자에게
"이런 사람에게 이제는
전혀 희망이 없습니까?"
하고 물었습니다. 그러
자 설교자는 "그에게 직
접 물어 보시오" 했습니
다.

그리스도인 이 무시
무시한 절망의 감방
속에서 벗어날 수 있
는 희망이 없습니까?

남자 예, 이제는 전
혀 없어요. 전혀 없
습니다.

그리스도인 왜 그렇게 생각하십니까? 찬송 받으실 하나님의 아
들은 매우 인자하시지 않습니까?

남자 나는 내 자신의 정욕을 위해 그를 다시 한번 십자가에 못박
은 죄인입니다(히 6:6). 나는 그 분의 공의를 경멸했고(눅 9:14) 또
한 그 분의 피를 부정한 것으로 생각하였고 그 은혜의 성령을 욕
되게 하였습니다(히 6:4~6, 10:28~29) 그리하여 마침내 나는 모
든 언약으로부터 스스로 마음을 닫아 버림으로써 결국 모든 은총
을 잃고 버림받게 되었고 지금 내게 남아있는 것은, 확실한 심판
과 원수로서 나를 태워 죽일 듯한 불과 같은 위험뿐입니다.

그리스도인 도대체 어떤 일로 이런 비참한 지경에 이르게 되었습
니까?

남자 이 세상의 정욕과 쾌락과 헛된 부귀영화 때문이었습니다. 이런 것들을 향유하면 많은 즐거움이 있으리라고 그때는 믿고 있었지요. 그러나 이제는 그 모든 것들이 무시무시한 독충이 되어 나를 물어뜯고 삼키려 하고 있습니다.

그리스도인 지금이라도 회개하면 돌이킬 수 있지 않을까요?

남자 하나님께서는 이제 나의 회개를 받아들이지 아니하시며 하나님의 말씀을 다시 믿을 수 있는 용기를 얻을 수가 없습니다. 하나님께서 직접 이 철의 감방 안에 가두셨으니 세상의 어느 누구도 나를 쇠창살 밖으로 내보낼 수가 없습니다. 아! 영원, 영원! 영원히 떠나지 않을 이 무서운 고통들을 어떻게 견뎌낼 수 있을까!

설교자 이 사람의 고통을 잘 기억하여 영원히 잊혀지지 않을 교훈으로 삼으십시오.

그리스도인 글쎄요, 이건 너무나 무서운 일이군요! 이 사람처럼 세속의 유혹에 넘어가 비참한 불행에 빠지지 않도록 늘 깨어 기도할 수 있도록 하나님께서 도와주시기를 빕니다. 이제 제 갈 길로 떠나야 할 때가 되지 않았습니까?

설교자 잠깐만 기다리십시오. 한 가지만 더 보여드릴 테니 보고 나서 떠나십시오.

그는 다시 그리스도인의 손을 잡고 어떤 방으로 안내했습니다. 그 방에서는 마침 한 사람이 잠자리에서 일어나 옷을 갈아입고 있었는데 그는 손발을 부들부들 떨면서 두려움에 잠겨 있었습니다. 이것을 본 그리스도인이 "이 사람은 왜 저렇게 떨고 있습니까?" 하고 물었습니다. 설교자는 그 떨고 있는 사람에게 직접 이유를 그리스도인에게 설명해 주라고 말했습니다. 그 사람은 이렇게 말했습니다.

"지난 밤 나는 잠을 자다가 한 꿈을 꾸었습니다. 하늘이 갑자기 캄캄해지며 암흑으로 뒤덮이더니 여기저기서 번개가 번쩍이고 천둥이 무서운 소리로 들려오므로 나는 공포와 슬픔에 잠기게 되었지요. 하늘을 올려다보니 구름이 놀라운 속도로 날아오고 있었는데 나팔 소리가 요란하게 울리면서 구름 위에 한 사람이 앉아 수천 명의 시중을 받고 있었습니다. 그런데 그들 모두가 불길 속에 휩싸여 있었고 하늘도 역시 온통 타오르는 불길로 가득 차 있었어요. 그때 한 우렁찬 목소리가 울려 나오면서 '죽은 자들아 깨어 일어나 심판 받으러 오라' 하고 외치는 것을 들었습니다. 이 소리와 함께 갑자기 바위가 갈라지고 무덤이 열리면서 죽은 자들

이 살아 일어나 밖
으로 나오는 것이었
습니다.(요 5:28, 고전
15:51,58, 살후 1:7,10,
유 14,15, 계 20: 11,15)
그들 중 몇몇 사람
은 몹시 기뻐하면서
하늘을 올려다보았
고 다른 사람들은
두려워 떨면서 산밑
으로 숨으려 애쓰고
있었습니다(시 2:1,2
,22, 사 26:20,21, 미
7:16,17) 그러자 아
까 구름 위에 앉아
시중을 받던 사람이 책을 펼치면서 모든 세상 사람들에게 가까이
오라고 명령하는 것이었어요. 그러나 그 사람 앞에서 끊임없이
타오르고 있는 맹렬한 불길로 인하여 그와 세상 사람들 사이에는
피고와 재판장 사이의 간격과 비슷한 공간이 생겼습니다(단 7:9~
10, 말 3:2~3).

구름 위에서 책을 펼치고 있던 사람이 그를 시중들고 있는 많은 무리들에
게 '가라지와 쭉정이와 검불은 모두 거두어 불구덩이에 던져라' 하고 큰소리
로 선포하는 것을 들었습니다. 그 명령이 떨어지자마자 내가 서 있던 곳 바
로 옆에서 밑도 끝도 없는 지옥의 문이 열리더니 그 입구에서 몸서리쳐질 만
큼 이글거리는 화염과 지독한 연기가 무시무시한 소리를 내며 넘쳐 나왔습니
다. 구름 위에 있던 사람이 '내 곡식을 모아 창고에 쌓아 두어라'(말 4:1, 마
3:12, 13:30, 눅 3:17)하고 다시 시종들에게 명했을 때, 많은 사람들이 구름
위로 들어 올려져서 어디론가 인도되는 것을 보고 있었는데(살전 4:13, 18),

나는 그대로 뒤에 남아 있었습니다. 나는 부끄러운 마음에 몸을 숨기려 하였으나 구름 위에 앉아 계시던 그 분이 나를 줄곧 내려다보고 계셨으므로 어찌할 수가 없었습니다. 내가 저지른 모든 죄악들이 어지럽게 머리에 떠오르고 양심이 여기저기서 나를 공격하기 시작했는데(롬 2:14, 15), 마침 이때 나는 잠에서 깨어났던 것입니다.

그리스도인 그런데 당신은 왜 그렇게 떨었습니까?

남자 심판의 날이 다가왔다고 생각했을 때 나는 아무런 준비도 되어 있지 않았고, 가장 무섭고 놀라웠던 것은 천사들이 몇몇 믿음이 훌륭한 자들을 구름 위로 끌어올렸을 때 나는 그냥 뒤에 남아 있었습니다. 나의 양심도 나를 괴롭히기 시작했고 구름 위에 앉아 있던 재판장은 몹시 분노한 표정으로 나를 노려보고 있었기 때문에 나는 두려움에 질려 숨지도 못했던 것입니다.

설교자 당신도 일찍이 이런 모든 것들을 신중하게 생각해 보셨습니까?

설교자는 그리스도인에게 물었습니다.

그리스도인 예, 그러나 반성하고 생각할 때마다 나는 희망과 두려움을 번갈아 느끼곤 하였지요.

설교자 이제
껏 보았던 모
든 광경들을
깊이 명심하여
당신이 이제
떠나야 할 여
정 중에 많은
격려와 힘이
될 수 있도록
하십시오.
마침내 그리스
도인은 허리띠
를 졸라매고
길 떠날 채비

를 하였습니다. 그러나 이제껏 많은 광경을 보여주며 자상하게 설명
해 주었던 설교자가 "선한 그리스도인이여, 우리의 위로자가 되시는
주님께서 늘 당신과 함께 하셔서 당신이 앞으로 가고자 하는 목적지
까지 인도해 주시기를" 하면서 격려해 주었습니다. 그리스도인은 이
렇게 말하며 길을 떠났습니다.

이곳에서 나는 희귀하고 유익한 많은 일들을 보았노라.
즐거운 광경이나 무시무시한 광경이나 모두
내가 장차 겪게 될 많은 이에서 나를 안전하고
굳건하게 만들어 놓았습니다.
내가 본 모든 일들을 늘 마음에 깊이 새겨
왜 그것들을 내게 보여 주었는지 참된 의도를 깨닫게 하소서.
오. 선하신 설교자여, 당신께 깊은 감사를 드리나이다.

15. 구 원

나는 꿈속에서 그리스도인이 올라가고자 하는 길 양쪽에 높은 울타리가 둘러 있는 것을 보았는데 그 울타리의 이름은 구원(Salvation)이었습니다(사 26:1). 등에 무거운 짐을 지고 있는 그리스도인은 이 길을 달려 올라가는 동안 무척 고통스러워하는 것 같았습니다.

그러나 그는 쉬지 않고 계속 뛰어가서 마침내 한 언덕에 이르게 되었는데 그곳에는 십자가(Cross)가 서 있었고 그 아래쪽에는 무덤(Sepulc;언덕배기에)이 입을 딱 벌린 채 놓여 있었습니다. 그리스도인이 십자가 위로 올라가

려는 순간 그의 짐이 풀어져 등에서 벗겨지더니 계속 미끄러져 내려와 마침내 무덤 입구에서 그 속으로 굴러 떨어져 다시는 보이지 않게 되었습니다.

이것을 본 그리스도인은 무거운 짐을 벗어버린 홀가분함과 즐거움에 넘치는 마음으로 이렇게 말하였습니다. "주께서 괴로움을 당함으로 내게 평안을 주셨고 주께서 목숨을 버리사 내게 영생을 주셨나이다."

십자가 앞에 이르자마자 그토록 무거웠던 짐을 벗어 던지고 몸이 홀가분하

게 된 그리스도인은 무척 놀란 모습으로 한동안 서서 신기하다는 듯이 여기저기를 바라보았습니다. 그리고 기쁨에 넘쳐 머리 속의 샘물이 터지면서 눈물이 흘러내려와 두 뺨을 적시는 것도 느끼지 못한 채 십자가를 바라보고 또 바라보았습니다(슥 12:10). 그가 눈물을 흘리며 십자가 바라보고 있을 때 광채를 발하는 세 사람이 그에게 다가와 "평안할지어다" 하고 인사를 하는 것이었습니다. 그 중의 첫 번째 사람은 "그대의 죄는 사함을 받았습니다(막 2:5)"라고 말해 주었고, 두 번째 사람은 그리스도인의 누더기 옷을 벗기고 '아름다운 옷'으로 갈아 입혀 주었으며, 세 번째 사람은 그리스도인의 이마에 인을 치고 봉인된 두루마리 한 개를 그에게 건네주었습니다(슥 3:4 , 엡 1:13). 그는 그리스도인에게, 길을 가면서 두루마리에 적힌 내용을 읽고 천국문에 이르렀을 때 그것을 제시하라고 말해 주고 세 사람은 떠나 버렸습니다. 그리스도인은 기쁨에 겨워 노래를 부르면서 껑충껑충 뛰며 길을 떠나갔습니다.

지금까지 난
무거운 죄의 짐을 지고 다녔다네
이곳에 오기 전까지는

내 슬픔과 고통의 짐을 벗지 못하였는데
아! 이곳은
얼마나 좋은 곳인가!
여기서부터 내게
참된 행복이 시작되려나?
여기서부터
내 등의 무거운 짐을
벗어 던지려나?
여기서부터
나를 묶어 놓았던 고통의 사슬이 끊어지려나?
축복 받은 십자가여!
축복 받은 무덤이여!
날 위해
수치를 받으신
그 분을 찬양하라!

16. 나태와 자만

꿈에서 보니 그는 이렇듯 노래를 부르며 계속 걸어가다가 한 언덕 밑에 이르러 세 명의 사나이가 발목에 쇠고랑을 찬 채 길에서 조금 떨어진 곳에 누워 자고 있는 것을 보았습니다. 그들은 '천박(Simple)과 나태(Sloth)와 자만(vanity)'이었습니다. 그리스도인은 세 사람을 깨워야겠다고 생각하고 가까이 다가가 크게 소리를 질렀습니다.

그리스도인 여보시오, 끝도 없는 죽음의 바닷가에서 그렇게 자고 있는 것은 마치 돛대 위에서 자고 있는 것과 같습니다(잠 23:34). 위험을 피하려거든 어서 일어나 이리로 오시오. 원하신다면 당신들의 쇠고랑을 풀어 드리겠소. 그렇게 자고 있다가 '우는 사자같이 두루 다니는 자'(벧전 5:8)가 온다면 당신들은 그의 날카로운 이빨에 먹이가 되고 말 것이오."

이 말을 듣고 잠자던 세 사람은 각기 그리스도인을 바라보면서 한 마디씩

지껄였습니다.

천박 난 아무 위험도 느끼지 않습니다

천박이 말하자 나태는

나태 난 좀더 자야 되겠소.

거만 쓸데없는 참견말고 자기 일이나 잘 알아서 하시오.

말을 마친 후 그들은 제각기 도로 누워서 자기 시작했고 할 수 없이 그리스도인은 가던 길을 다시 떠났습니다.

그러나 그들이 위험한 곳에서 자고 있음을 깨우쳐 주려고 일부러 깨워 일으켜 충고해 주고 발목에 찬 쇠고랑까지 풀어주겠다고 친절을 베풀었지만 고맙게 생각하지 않는 그들을 생각하니 그리스도인은 기분이 좋지 못했습니다.

17. 위선과 허례

그리스도인은 좁은 길 저쪽에서 왼쪽의 담을 뛰어 넘어오는 두 사람을 보았습니다. 그들은 그리스도인에게로 다가오고 있었는데 '위선(Hypocrisy)'과 '허례(Formalism)'였습니다.

그리스도인 여보시오, 당신들은 어디서 오는 길이며 또 어디로 가는 길입니까?

위선과 허례 우리는 '허망(Vain-soil)'이라는 도시에서 태어났는데 명예와 행운을 찾아 시온산으로 가는 길입니다(시 9:2)

그리스도인 그리로 가려면 저기 좁은문이 있는데 어찌 그리로 들어오지 않고 담을 넘어오시오? 문으로 들어오지 않고 '다른 데로 넘어오는 자는 절도며 강도라'고 성경에 씌어 있는 것을 모르십니까?(요 10:1)

위선과 허례 우리뿐만 아니라 내 고장 사람들은 모두 입구에 있는 문을 통해

시온산으로 가는 길은 너무 멀다고 생각하여 언제나 지름길로 다니느라고 담을 넘지요.

그리스도인 그렇다고 불법으로 지름길을 택하는 것은 우리가 찾아가는 하늘나라 주님의 뜻을 어기는 범죄가 되지 않을까요?

위선과 허례 그런 일에까지 당신이 머리를 썩힐 필요가 없습니다. 우리가 그렇게 한 것은 오랫동안 내려온 관습이며 필요하다면 천년 이상 계속되어 온 관습이라는 것을 증명해 보일 수도 있습니다.

그리스도인 당신네들의 행동이 법정에서도 관습으로 인정될 수 있을까요?

위선과 허례 천 년이 넘도록 당연하게 여겨온 관습

이니까 공정한 재판관이라면 틀림없이 합법적인 것으로 인정하리라는 것을 의심치 않습니다. 뿐만 아니라 우리가 이 길로 들어

선 이상 어떤 경로를 밟았거나 그것이 무슨 상관이 있습니까? 어디까지나 이 길로 들어선 것은 들어선 것입니다. 당신은 대문을 지나서 이리로 들어섰고 우리는 담을 뛰어넘어 이 길에 이르렀습니다. 지금 당신의 상황이 우리보다 나을 게 뭐가 있습니까?

그리스도인 나는 하나님의 법에 따라 행하고 있지만 당신들은 사람의 법을 따른다는 것이 다른 점이지요. 당신들은 이미 이 길의 주인이신 하나님 앞에 도둑으로 낙인 찍혀 있습니다. 당신들이 설령 목적지에 도착해도 잘했다고 인정받을 수 있을는지 의심스럽습니다. 당신들은 하나님의 가르침을 따르지 않고 함부로 이 길로 들어섰기 때문에 목적지에 도착해서는 하나님의 은혜를 입지 못하고 쫓겨나게 될 것입니다.

그들은 이 말에 대해서는 아무 대답도 않고 그리스도인에게 자기 일이나 신경 쓰라고 쏘아붙였습니다. 이렇게 하여 그들은 서로간에 별다른 대화 없이 제각기 자기 길을 걸었습니다. 그러다가 두 사람이 그리스도인에게 말을 걸었습니다.

위선과 허례 우리도 율법이나 규례에 대해서는 당신 못지 않게 잘 지키고 있소. 우리와 당신은 당신이 걸치고 있는 겉옷만 다를 뿐 다른 점은 없다고 생각하오. 아마도 그것은 당신 이웃들이 벌거벗은 수치를 가려 주기 위하여 당신에게 준 옷 같구려.

그리스도인 바른 문으로 들어오지 않고는 누구도 율법과 의식으로는 구원을 받을 수 없습니다. 내가 걸치고 있는 이 겉옷은 우리가 지금 가고 있는 천국의 주님께서 당신들이 말한 대로 내 수치를 가리기 위해 내게 주신 것입니다. 전에는 누더기밖에 입어 본 적이 없는 나에게 이렇게 좋은 옷을 주신 것은 하나님께서 보여 주신 사랑의 증거입니다. 천국 문에 다다랐을 때 그곳의 주인 되시는 하나님께서는 그가 내 누더기를 벗기시던 날 아낌없이 주셨던 겉옷을 계속 걸치고 있는 나를 보시고 영원히 날 기억해 주실 것을 생각할 때 커다란 위안을 느끼게 됩니다. 그뿐 아니라 당신들은 알지 못하겠지만 내 이마에는 인이 찍혀 있는데, 그것은 내 등에 지워졌던 무거운 짐이 떨어져 내리던 날, 주님과 가장 가까운 분들 중의 한 분이 내게 붙여 주신 것입니다. 한 가지 더 말씀드릴 것은 그 날 그 분들 중의 한 분이 내게 봉인된 두루마리 하나를 주셨는데 길을 가면서 그것을 읽으면 큰 위안을 받을 뿐만 아니라 천국 문 앞에 도달했을 때 그것을 증거물로 제시하면 문안으로 들여보낼 줄 것이라는 말씀도 해주셨습니다. 그러나 당신들은 문을 통해 들어

오지 않았기 때문에 이런 증거물을 얻지 못했을 것입니다. 그러한 증거물 없이도 들어갈 수 있을지 의문입니다.

이 말에 대해 그들은 아무 대답도 하지 않았고 다만 서로 쳐다보며 웃을 뿐이었습니다. 위선과 허례는 함께 묵묵히 걸어가고 있었고 그들보다 약간 앞서서 그리스도인이 걷고 있었는데 더 이상 대화를 나누지 않고 혼자 한숨을 내쉬거나 때때로 위안을 느끼며 걷고 있었습니다. 그는 또한 빛을 발하던 분들이 주신 두루마리를 자주 읽으면서 새로운 기운을 얻는 것 같았습니다.

그들은 쉬지 않고 걸어서 마침내 '고난의 언덕(Hill Difficulty)' 기슭으로 왔습니다. 그 기슭에는 샘물이 흐르고 있었습니다. 그런데 좁은문으로부터 곧장 반듯하게 뻗어 있는 길 이외에도 산기슭에는 두 갈래의 길이 더 있었는데 하나는 왼편으로 굽어 있었고 또 하나는 오른편으로 굽어 있었습니다. 산꼭대기까지 반듯하게 곧장 뚫려 있는 길의 이름은 '고난의 길'이었습니다. 그리스도인은 기운을 얻기 위해 샘으로 가서 물을 마시고 산꼭대기까지 뻗어 있

는 고난의 길을 오르기 시작했습니다.

언덕이 아무리 높아도 나는 올라간다.
험난하고 피곤할지라도 내 마음을 상하게 하지는 못할지니 생명으로 인도하는 길이 여기에 있음을 알기에 용기를 내어 나약한 마음. 두려운 마음 모두 물리치고 가기는 쉬우나 멸망으로 인도하는 거짓 길로 가지 말고 가기는 험난하나 평안으로 인도하는 옳은 길을 택함이 좋지 않겠는가!

　잠시 후에 두 사람이 산기슭에 도착했습니다. 그러나 산꼭대기로 곧장 뻗은 길이 너무 험난하고 가파른데 비해서 좌우의 양쪽 길은 평탄했습니다. 그 길을 돌아가더라도 산을 넘어서면 그리스도인이 택한 길과 만날 수 있으리라 생각하고 각기 하나씩 택해서 가기로 작정했습니다. 그 두 길의 이름은 각각 '위험'과 '멸망'이었습니다. 위험이라는 길을 택한 사람은 얼마 가지 못해서 매우 무성한 가시덤불 숲으로 들어가 버렸고 멸망의 길로 가던 사람은 어두운 골짜기를 이리저리 헤매다가 넘어져 다시는 일어나지 못했습니다.

18. 불 신

　가파르고 곧은길로 언덕을 오르는 그리스도인은 처음엔 뛰어올라갔지만 길이 너무 험하고 가파르기 때문에 뛰지 못하고 걷기 시작했습니다. 그러나 걷는 것도 힘들었습니다. 이윽고 그는 손과 무릎으로 기었습니다. 그렇게 오르자니 산 중턱쯤에 아담한 정자가 하나 있었습니다. 그것은 피곤한 여행자들이 쉬어 갈 수 있도록 언덕의 주인이 만들어 놓은 것이었습니다.

　그리로 가서 잠시 쉬기로 한 그리스도인은 마련된 긴 의자 위에 앉았습니다. 그리고 가슴에 품고 온 두루마리를 꺼내 읽으며 위로를 받았습니다.

　그는 십자가 밑에서 얻어 입은 겉옷을 만지작거리면서 새로운 힘을 얻기 시작했는데 그만 잠깐 졸다가 잠에 빠졌습니다. 그는 결국 깊이 잠들어 밤이 될 때까지 목적지를 가지 못했습니다. 그뿐 아니라 손에 들고 있던 두루마리도 떨어뜨리고 말았습니다. 그때 누군가가 그에게 나타나 깨우며 말했습니다.

"게으른 자여. 개미에게로 가서 그가 일하는 모습을 보고 지혜를 얻으라(잠 6:6)."

이 소리에 잠에서 깬 그리스도인은 벌떡 일어나 언덕 꼭대기를 향해 부지런히 걸음을 재촉했습니다. 이윽고 언덕꼭대기에 이르렀을 때 저쪽에서

급히 달려오는 두 사람
을 보았습니다. 그들
중 하나의 이름은 '겁쟁
이'였고, 다른 하나의
이름은 '불신'이였습니
다. 그리스도인은 그들
에게 말을 걸었습니다.
그리스도인 당신들
은 반대 방향으로
거슬러 오고 있으
니 도대체 어찌된
일입니까?
겁쟁이 우리는 시
온성으로 가기 위
해 고난의 언덕을
간신히 올라왔는데

앞으로 나아갈수록 더 위험한 것들이 기다리고 있습니다. 그래서
다시 돌아오는 길입니다.

불신 그래요. 바로 우리 앞에 사자 두 마리가 길 가운데 누워 있
었는데 그놈들이 자는지 깨어 있는지 확실하게 알 수는 없지만
가까이 다가가기만 하면 금방 달려들어 우리를 갈가리 물어 뜯어
버릴 것만 같습니다.

그리스도인 그 말을 들으니 나도 두려운 생각이 드는군요. 그러
면 어떻게 어디로 가야 할까요? 그렇다고 고향으로 돌아갈 수도
없습니다. 그곳은 유황불로 타 버릴 멸망의 도시로 예정된 곳이
라 결국 난 죽게 될 것입니다. 천국으로 갈 수만 있다면 틀림없이
거기는 안전할 것입니다. 나는 위험을 무릅쓰고라도 그곳으로 가

야겠습니다. 고
향으로 돌아가
면 죽음이 기다
릴 뿐입니다. 천
국을 향해 나아
가면 비록 죽음
의 공포는 있지
만 그것을 뛰어
넘기만 하면 영
생의 구원이 기
다릴 것입니다.
난 앞으로 나아
가겠습니다.

그리하여 불신과 겁쟁이는 언덕을 달려 내려갔고 그리스도인은 계속 가던 길을 걸었습니다. 얼마 후 두 사람이 해준 말이 다시 생각나자 불안해졌습니다. 두루마리를 펼쳐 읽으면 위안을 얻을 수 있으리라 생각하고 가슴 안쪽으로 손을 넣었습니다. 그제야 두루마리가 없어진 것을 알았습니다. 깜짝 놀란 그리스도인은 어찌할 바를 몰라 당황하고 있었습니다.

두루마리를 읽기만 하면 늘 마음에 위안을 주었던, 하늘나라로 들어갈 수 있는 통행증이 없어지고 만 것입니다. 그는 오던 길 산 중턱에 있던 정자에서 잤던 것을 생각해 냈습니다. 그는 자신의 어리석은 행동을 용서해 달라고 하나님께 간절히 기도한 후 두루마리를 찾으러 오던 길로 되돌아섰습니다.

여기까지 와서 다시 험난한 길을 되돌아가야 하는 그는 앞이 암담하여 한숨을 쉬었습니다. 그는 걸으면서 눈물도 흘렸습니다. 피로를 풀 수 있도록 만든 정자에서 너무 오래 자 버린 어리석음에 대해 후회하며 자신을 꾸짖었습니다.

그는 여행 중에 괴로움을 당할 때마다 읽기만 하면 위안을 받았던 두루마리를 찾기 위해 걸어가면서 혹시 길가에 떨어져 있지는 않을까 여기저기 유심히 살폈습니다.

얼마 후 그는 정자가 보이자
자신의 어리석음이 되살아나서
더욱 큰 슬픔에 사로잡히게 되었
습니다(계 2:4~5, 살전 5:7~8).
그는 탄식하며 말했습니다.
"대낮에 정자에서 잠을 자
다니! 더구나 위험과 곤경
의 한가운데서 낮잠을 자
다니! 순례자들에게 정신
적인 위안을 주기 위해 하
나님이 세워 놓으신 정자
에서 육체적 안락을 위해
잠을 자다니! 오호라, 나

는 곤고한 사람이니(롬 7:24), 얼마나 많은 걸음을 헛되이 다녔는
가! 하기야 이스라엘 백성들도 자신의 범죄 때문에 광야에서 고
생하며 홍해의 바닷길로 되돌아가지 않을 수 없었지만(민 14:25)!
나 역시도 그 죄의 깊은 잠만 아니었던들 기쁜 마음으로 걸었을
길을 이토록 슬픔에 잠겨 뒷걸음질을 해야 하다니! 이렇게 되돌
아오지 않고 곧장 걸어갔더라면 지금쯤 얼마나 많이 나아갔을 것
인가! 한번만 걸어도 될 길을 세 번이나 걸어야 하게 되었으니,
벌써 날은 저물어 밤이 가까이 다가오는구나. 아! 그때 잠만 자
지 않았던들!"

그는 자신의 어리석은 행동을 후회했습니다. 마침내 다시 정자에 이르렀
을 때 그는 슬픔에 못 이겨 주저앉아 울고 난 뒤 떨리는 마음으로 긴 의자 밑
을 살펴보았습니다. 거기에 잃었던 두루마리가 놓여 있는 것이 보였습니다.
그는 말로 형용할 수 없이 기뻐하며 황급히 그것을 집어 가슴에 품었습니다.

이 두루마리야말로 영생의 보장이요, 그가 소망하는 천국으로 들어갈 수
있는 통행증이 아닙니까.

가슴 깊숙이 두루마리를 간수하게 된 그리스도인은 거기까지 인도해 주신 하나님께 감사를 드리면서 기쁨의 눈물을 흘렸습니다. 그리고 매우 가벼운 발걸음으로 다시 언덕길을 걸었습니다. 그러나 정상에 이르기도 전에 해가 지고 말았습니다.

그렇게 늦어진 것은 경망하게 낮잠을 잤던 자신의 어리석음 때문이었음을 다시 느낀 그리스도인은 자책감에 못 이겨 탄식했습니다.

"아아! 너 죄 많은 잠이여! 너 때문에 여행 도중에 밤을 만나게 되었구나! 이제는 햇빛도 없는 어두운 길을 걸어야 하고 무서운 짐승들의 포효를 들으면서 걸어야만 하는구나!"

그 순간 불신과 겁쟁이가 사자들의 모습을 보고 겁이 나서 되돌아섰다고 말하던 말이 생각났습니다.

"그런 짐승은 밤이 되면 먹이를 찾아 돌아다니는 법이다. 이 어둠 속에서 사자를 만나면 어떻게 피할 수 있단 말인가?"

그는 몇 번이고 이런 말을 중얼거리며 걸어가고 있었습니다.

19. 천성문을 향하여

이처럼 불행에 빠지게 된 것을 한탄하면서 앞을 바라보니 아주 웅장한 궁전이 당당하게 서 있었습니다. 그 궁전의 이름은 아름다움이었으며 길 한편 가장자리에 세워져 있었습니다.

나는 꿈속에서 그리스도인이 가능하면 이 궁전에서 하룻밤 묵어 가려고 서둘러 걸어가고 있는 것을 볼 수 있었습니다. 그러나 얼마 못 가서 몹시 비좁은 길로 접어들었습니다. 그곳에서 약 500미터쯤 떨어진 곳에는 문지기가 사는 조그만 오두막집이 보였습니다.

그가 걷고 있는 좁은길 앞쪽을 주의 깊게 살펴보니 사자 두 마리 가 길을 막고 누워 있었습니다.

'불신과 겁쟁이가 놀라 돌아선 위험이 바로 저기에 있구나.'

하고 생각하자 그리스도인은 겁이 나기 시작했고 자신도 불신과 겁쟁이처럼 되돌아갈까 생각했습니다. 그러나 그리스도인이 멈추어 선 곳에서 다시 되돌아가려는 듯한 모습을 보게 된 '경계'라는 이름의 문지기가 그리스도인을 향하여 소리를 질렀습니다.

문지기 당신은 그렇게도 용기가

없으십니까?(막 4:40) 사자들은 사슬에 매여 있으니 무서워할 필요가 없습니다. 믿는 자들의 신앙을 시험해 보고 믿지 않는 자들을 가려내기 위해 사자를 거기에 매어둔 것입니다. 길 한가운데로만 오시면 아무 상처도 입지 않고 안전하게 지나칠 수 있습니다.

그리스도인은 조심스럽게 길 한가운데로 걸어가면서 두려움에 떨고 있었습니다. 그러나 사자들은 으르렁거리기만 할 뿐 아무 해도 끼치지 못했습니다. 그리스도인은 곧장 걸어 문지기가 살고 있는 오두막집 문 앞에 이르러 손을 치면서 그를 불러내었습니다.

그리스도인 선생님, 이 집은 무슨 집입니까? 오늘 밤 여기서 묵을 수는 없을까요?

문지기 이 집은 언덕 위의 주인 되시는 분이 지으신 집인데 순례자의 안전과 휴식을 위해 세워진 것입니다. 당신은 어디에서 왔으며 어디로 가는 길입니까?

그리스도인 멸망의 도시에서 와서 시온산을 향하여 가는 길입니다. 날이 저물어 하룻밤만 묵고 갔으면 합니다.

문지기 당신 이름은 무엇입니까?

그리스도인 지금 이름은 그리스도인이지만 원래는 타락이었습니다. 저는 하나님께서 셈의 장막으로 가서 살라고 말씀하신 야벳족의 후손입니다(창 9:27).

문지기 어째서 이렇게 늦게 오셨습니까? 해가 저물었는데요.

그리스도인 좀더 일찍 올 수도 있었는데 아! 나는 얼마나 어리석고 가엾은 인간인지! 언덕 중간에 있는 정자에서 그만 깜빡 잠이 들어 이렇게 늦어졌습니다. 게다가 자는 동안에 귀중한 증서인 두루마리를 떨어뜨린 것을 모르고 길을 떠났다가 산꼭대기까지 다 올라와서야 알았지 뭡니까? 결국 저는 정자로 다시 되돌아가서 다행히도 두루마리를 다시 찾아 가지고 이렇게 오는 길입니다.

문지기 그렇다면 이 댁의 아가씨들 중 한 분을 부릅시다. 그녀가 당신의 이야기를 호의적으로 받아들인다면 이 댁의 규칙에 따라 당신은 가족 전부를 만나게 될 것입니다.

　그리하여 경계라는 문지기가 종을 울리자 그 소리를 듣고 '근신'이라는 이름의 아름답고 조심성 있는 아가씨가 나와 무

슨 일로 불렀느냐고 물
었습니다. 그러자 문
지기가 다음과 같이 설
명해 주었습니다.

문지기 이 분은 멸
망의 도시에서 시
온산을 향하여 여
행하시는 분인데
피곤하고 날도 저
물어 하룻밤만 여기
서 묵어갈 것을 간
청하고 있습니다.

　그러나 근신이라는
이름의 아가씨는 그가
어디서 왔으며 어디로
가는 중이냐고 그리스
도인에게 물었습니다.
그리하여 그리스도인
은 그가 어떻게 해서
이 길로 들어서게 되었는지를 설명해 주었습니다. 그녀는 또 오는 도중에 무
엇을 보았고 누구누구를 만나게 되었느냐고 물었으므로 그는 소상하게 대답
하였습니다. 마지막으로 그녀가 이름이 무엇이냐고 물었을 때 그는 그리스도
인이라고 대답하면서 이 집은 언덕의 주인 되시는 분이 순례자들의 휴식과
안전을 위해서 세운 집이라고 하니 하룻밤 묵어가게 해 달라고 간절히 말했
습니다.
　그러자 아가씨는 미소를 지었는데 아름다운 두 눈에는 눈물이 어려 있었습
니다. 잠시 후에 그녀는 "내가 집안 식구들을 더 불러오겠어요." 하고 말하면
서 문 쪽으로 달려가더니 '자비', '경건', '명철'이라고 불리는 세 처녀를 불러
내었습니다. 그들과 잠시 이야기를 나눈 뒤에 그들은 그리스도인을 가족들에
게로 데려갔습니다. 그리스도인이 집의 문턱에 다다르자 온 가족이 몰려와

반갑게 인사를 하였습니다.

가족들 주님의 축복을 받으신 분이여, 어서 들어오십시오. 이 집은 당신과 같이 피곤하고 지친 순례자들이 편히 쉬어 가게 하려고 언덕의 주인께서 세우신 것입니다.

그리스도인은 머리를 숙여 인사하고 그들을 따라 집안으로 들어갔습니다. 그가 방안으로 들어가 자리에 앉자 그들은 마실 것을 갖다 주면서 저녁 식사가 준비될 때까지 시간이 좀 남았으니 그 시간을 유익하게 보내기 위해서 몇몇 처녀들과 더불어 함께 이야기를 나누었으면 좋겠다고 하므로 그리스도인은 기꺼이 응해 주었습니다.

그들은 자비와 경건과 명철이라는 이름의 아가씨들을 지명하여 그리스도인과 함께 대화를 하게 했습니다.

경건 선한 그리스도인 선생님. 오늘밤 저희가 당신을 호의적으로 받아들여 집안으로 모셔들었으니 순례의 여정 중에 겪으신 이야기를 들려주시면 감사하겠습니다.

그리스도인 그렇게 하지요. 당신들이 이렇게 호의를 베풀어주시니 정말 감사합니다.

경건 처음 순례의 길을 택하게 한 것은 어떤 동기에서였나요?

그리스도인 내가 사는 멸망의 도시에서 계속 있으면 피할 수 없는 파멸에 이르리라는 무서운 음성이 내 귀에서 떠나지 않았기 때문에 이렇게 떠나게 되었지요.

경건 고향을 떠나 올 때 어떻게 이 길을 택하게 되었나요?

그리스도인 그것은 하나님의 섭리에 의해서였습니다. 내가 멸망의 두려움에 사로잡힌 채 어디로 가야 할지 몰라 떨며 울고 있을 때 우연히 전도자라는 분을 만났는데 그 분이 좁은문으로 가라고 가르쳐 주었습니다. 그가 가르쳐  준 길로 계속 오다 보니 여기 이 집 앞까지 이르게 되었습니다.

경건 설교자의 집에는 가지 않으셨나요?

그리스도인 예, 그 분 댁에 갔었지요. 그곳에서 나는 일생 동안 잊혀지지 않을 여러 가지 광경들을 보았는데 그 중에서도 특히 세 가지 광경이 가장 인상 깊게 남아 있습니다. 즉 사탄의 온갖 방해에도 불구하고 하나님의 은총이 계속 우리의 마음속에 남아 있는 광경이 그 하나고, 하나님의 무한하신 사랑으로도 구원할 희망이 없을 정도로 많은 죄를 지은 사람의 모습이 또 하나, 마지막으로 잠자던 도중에 최후의 심판을 목격하였던 사람의 광경입니다.

경건 그 꿈꾼 사람의 이야기를 들어보셨나요?

그리스도인 물론 들었지요. 제 생각에도 그것은 정말 무서운 것이었습니다. 그의 이야기를 듣는 동안 제 마음이 몹시 아팠지만 그래도 듣기를 잘했다고 생각합니다.

경건 설교자의 집에서 본 것은 그것뿐이었습니까?

그리스도인 그밖에도 많이 있었지요. 설교자께서

는 내 손을 잡고 아주 웅장한 궁전 앞으로 인도해 주셨는데 그 안에는 황금빛 의복을 입은 사람들이 유유히 뜰을 거닐고 있었습니다. 많은 사람들이 그 궁전 안으로 들어가고자 했지만 문을 지키고 있는 무장한 병사들 때문에 아무도 감히 안으로 들어

가지 못하고 있었습니다. 그때 한 용감한 사나이가 나타나서 그를 저지하자 집안 사람들이 그를 환영하고 영광의 면류관을 차지하는 모습을 보았습니다. 그러한 광경은 내 마음을 사로잡았으며 앞으로 가야 할 길이 남아 있지 않았더라면 그 친절하신 설교자의 집에서 일년이라도 더 머물러 있고 싶었습니다.

경건 그밖에 오시는 도중에 무엇을 보셨습니까?

그리스도인 그 댁을 떠난 지 채 얼마 되지 않아서 누군가 피를 흘리며 고통스럽게 나무 위에 못 박혀 있는 것을 본 것 같았어요. 그런데 그 분을 바라보자마자 내 등에서 짐이 떨어져 나가는 것이었습니다. 나는 그때까지 등에 지워진 무거운 짐 때문에 신음하고 있었으므로 전에 결코 볼 수 없었던 신비한 일이 일어났을 때 놀라면서도 한편 깊이 감사하지 않을 수 없었습니다. 차마 보기에 가슴 아파서 참을 수 없는 광경이었지만 십자가에 달리신 분의 모습을 계속 보고 있노라니 광채를 발한 세 사람이 내게 다가오는 것이었습니다. 그들 중 한 분이 내 죄는 사함을 받았다고 증명해 주셨고, 다른 한 분은 내가 걸치고 있던 누더기를 벗겨 지금보다시피 아름답게 수놓인 옷을 입혀 주셨으며 세 번째 분은 내 이마에 있는 바로 이 증표를 찍어주고 또 봉인된 두루마리를 주셨습니다.

　이렇게 말하면서 그는 가슴에 품고 있던 두루마리를 꺼내 그녀에게 보여주었습니다.

경건 그밖에도 많은 것을 보셨겠지요?

그리스도인 물론 많은 것들을 보았지만 가장 감명 깊은 것들만을 당신께 말씀드린 것입니다. 그밖에도 내가 걸어가고 있던 길에서 조금 벗어난 곳에 천박, 나태, 자만 등으로 불리는 세 사람이 발에 쇠고랑을 찬 채 자고 있는 것을 보았는데 아무리 깨워 주려고

애써도 그들은 들은 척도 않고 계속 잠만 자는 것이었습니다. 또 위선과 허례라는 사람들이 지름길로 시온산에 가기 위해 라면서 담을 넘어 들어오는 것을 보았는데, 옳은 길로 가지 않고 담을 넘어서 시온산에 가는 것은 불가능하다고 말해 주어도 들은 척도 하지 않더니 이내 자취를 감추고 말았습니다. 이 산을 올라올 때 좀더 편한 길을 택하려다 결국 도중에 자멸한 거지요. 무엇보다도 어려운 일은 언덕을 올라오는 일이었고 사자 옆을 통과하는 일도 이에 못지 않게 어려운 일이었지요. 솔직히 말해서 저 문 옆에 계신 착한 문지기가 내게 용기를 북돋아주시지 않았더라면 지금쯤 나는 돌아가 버리고 말았을지도 모릅니다. 내가 무사히 여기까지 올 수 있도록 은총을 베풀어주신 하나님께 감사 드리며 또한 저를 이토록 환영해 주신 여러분께 진심으로 감사 드립니다.

이때 명철이 다가오더니 그리스도인에게 몇 가지 질문을 하고 그에 대한 대답을 듣고 싶어했습니다.

명철 가끔 떠나오신 고향이 생각나지 않으십니까?

그리스도인 예, 생각나는 것과 함께 부끄러움과 혐오를 느끼곤

하지요. '저희가 나온 바 본향을 생각하였더면 돌아갈 기회가 있었으려니와 저희가 이제는 더 나은 본향을 사모하니 곧 하늘에 있는 것이라'(히 11:15~16).

명철 그밖에도 좋아하던 것들이나 친밀한 관계를 맺던 사람들에 대하여 미련이 남아 있지는 않습니까?

그리스도인 다소의 미련이야 있지요. 그러나 그런 것들은 내 의지에 크게 거슬리는 것입니다. 그 중에서도 특히 나뿐만 아니라 고향 사람들 모두가 크게 희열을 느꼈던 세속적이고 육욕적인 향락들을 돌이켜볼 때 그 모든 것들이 지금에 와서는 나의 고통이요, 슬픔이 되었습니다. 지금 내게 선택하라고 한다면 나는 결코 그런 것들을 생각지도 아니하고 더구나 선택하지도 않을 겁니다. 그러나 종종 내가 마음먹은 대로 선한 일을 하려고 할 때면 뜻밖에도 내가 가장 미워하는 악한 일들이 나를 따라다니곤 합니다 (롬 7:19)

명철 예전에 당신께 혼란을 주던 것들을 담대히 극복할 수 있게 되었다는 것을 느끼지 않으십니까?

그리스도인 예, 자주 있지는 않지만 그럴 때가 가장 행복하지요.

명철 당신을 괴롭히던 일들을 어떤 방법으로 극복할 수 있었는지 기억하십니까?

그리스도인 예, 십자가를 볼 때 내가 느꼈던 기쁨이 괴로움을 이기게 해주었다고 생각합니다. 또 내가 입고 있는 이 수놓은 겉옷을 볼 때와 가슴에 품고 다니는 두루마리를 볼 때마다 그런 느낌이 들었지요. 그리고 내가 어디로 가고 있는지 생각할 때마다 마음이 따듯하게 녹아들면서 그런 느낌이 들곤 한답니다.

분별 왜 당신은 시온산으로 가기를 고집하십니까?

그리스도인 그곳에 가서 십자가에 못 박혀 돌아가신 분이 살아 계신 것을 보고 싶습니다. 또한 그곳에 가면 지금까지 날 괴롭히던 모든 것들을 떨쳐 버릴 수 있을 뿐만 아니라 거기에는 더 이상 죽음이 존재하지 않는다고 하니(사 25:8, 계 21:4) 내가 사랑하는 사람들과 더불어 즐겁게 살기를 소망하고 있습니다. 진실로 말하건대 나는 내 무거운 짐을 벗게 해주신 그 분을 진심으로 사모하며, 내 자신의 내적인 허약함에 대해서 피로를 느끼고 있습니다. 더 이상 죽음이 존재하지 않는 곳에서 끊임없이 '거룩 거룩 거룩 하도다!'를 찬송하는 성도들과 살 것을 소망하고 있지요.

이때 자비가 그리스도인에게 물었습니다.

자비 선생님은 가정을 가지고 계십니까?

그리스도인 예, 아내와 네 명의 어린 자식들이 있지요.

자비 그들도 함께 오지 않고 어째 혼자 오셨습니까?

그러자 그리스도인은 눈물을 흘리면서 대답했습니다.

그리스도인 함께 가기를 얼마나 청했는지 모릅니다. 하지만 그들은 나를 정신 이상자로 생각하며 순례의 길에 오르는 것을 완강히 거부했답니다.

자비 하지만 뒤에 남으면 멸망과 위험 있다는 것을 알려 주셨어야 하지 않습니까?

그리스도인 물론 그렇게 했지요. 뿐만 아니라 하나님께서 머지않아 우리 도시가 멸망할 것을 내게 가르쳐 주었노라고 누차 설명했지만 그들은 내 말을 미친 소리로 여기고(창 19:14) 믿지 않았습니다.

자비 하나님께 그들에게 은혜를 베푸셔서 당신의 참된 충고를 받아들이게 해달라고 기도는 해 보셨습니까?

그리스도인 예, 아주 간절한 기도를 하나님께 드렸답니다. 아내와 자식들이야말로 내겐 둘도 없이 귀하고 사랑스런 존재들이었으니까요.

자비 선생님은 자신이 느낀 멸망의 두려움과 슬픔을 확실히 설명해 주고 멸망이 오리라는 것을 확신하고 있었나요?

그리스도인 물론이지요. 반드시 멸망을 당하게 된다고 여러 번 반복해서 설명해 주었답니다. 그들은 내 얼굴에 나타난 공포, 나의 뜨거운 눈물, 바로 임박할 하나님의 심판을 깨달았을 때 부들부들 떨고 있던 모습 등을 여러 번 볼 수 있었습니다. 그러나 이 모든 것들도 나를 따를 수 있도록 설득하기에는 충분하지 못했습니다.

자비 그들이 따라오지 않으려는 이유는 무엇일까요?

그리스도인 아내는 속세의 영화를 잃어버릴까 두려워했고 아이들은 젊은 시절의 어리석은 쾌락에 빠져 있었습니다. 나 혼자만 이 길을 떠나게 되었지요.

자비 혹시 당신의 무질서한 생활이 설득력을 약화시켜 그렇게 하도록 만든 것이 아닐까요?

그리스도인 그랬을는지도 모르겠습니다. 내 생활은 온갖 추한 것으로 가득 차 있었기 때문에 남에게 말하기 부끄러울 지경이니까요. 나는 이론을 통하여 다른 사람을 설득하는 것보다 자연스러운 대화로써 인도하는 것이 훨씬 효과적이라는 것을 잘 알고 있습니다. 그럼에도 불구하고 본이 되지 못하는 행동을 함으로써 그들이 내 말에 불신감을 갖게 되지는 않는지 걱정하면서 제 나름대로 세심한 주의를 기울였습니다. 그러나 그러한 조심스런 행동에 대해 그들은 내가 용의주도한 사람이라고 욕을 하더군요. 그들은 아무 죄의식을 느끼지 못하는 것들을 나 혼자만 나쁘다고 걱정하면서 그들을 선으로 인도하기 위해 조심한 셈이지요. 혹 나의 언행이 그들의 의도를 방해했다면 그것은 하나님께 죄를 짓는 일이나 이웃에게 해를 끼치는 행위 등에 대해 너무 조심하고 걱정한 데 원인이 있다고 볼 수 있습니다.

자애 그렇습니다. 가인이 그의 동생 아벨을 미워한 것도 역시 '자기의 행위는 악하고 그 아우의 행위는 의로운'(창 4:1~8, 요 3:12) 때문이었지요. 만일 선생님의 아내와 자식들이 이러한 주의와 조심스런 행동에 대해 당신에게 화를 냈다면 그들은 선으로 인도되기에는 부족한 사람들이지요. 당신은 가족들의 피로부터 당신의 영혼을 구원한 셈입니다(겔 3:19).

나는 꿈속에서 저녁 식사가 다 준비될 때까지 그들이 함께 앉아서 이런저런 이야기를 주고받는 것을 보았습니다. 마침내 저녁 준비가 되자 식탁에 둘러앉았습니다. 식탁에는 '기름진 것들과 오래 저장했던 맑은 포도주'(사 25:6) 등이 차려 있었고 식사 도중에 그들의 대화는 주로 이 언덕의 주인에 관한 것이었습니다. 그가 쌓아 놓은 여러 공적과 그러한 일들을 어떤 목적으로 하게 되었는가, 또 무슨 이유로 이 집을 짓게 되었는가 하는 것들이었습니다. 그들이 말하는 것으로 미루어 보건대 언덕의 주인은 위대한 용사이며 '사망의 권세를 가진 자'와 싸워서 그를 이기기는 했지만 그 자신도 큰 위험에 빠졌다는 것과 그로 인하여 그리스도인은 그 분을 한층 더 사모하게 되었다(히 2:14~15)는 것을 알 수 있었습니다. 처녀들의 말을 듣고 있던 그리스도인이 마침내 입을 열었습니다.

그리스도인 사람들이 말하듯이 나도 그렇게 믿습니다만 그 분은 사망의 권세를 가진 자와 싸워 그 분 역시 많은 피를 흘리셨던 것입니다. 그러나 그가 입은 피의 공로로 인하여 많은 사람이 은혜의 영광을 입게 되었습니다. 이는 그가 자신의 나라를 아끼는 순수한 사랑으로 모든 일을 행했기 때문입니다.

그러자 그 집에 사는 사람 몇이 입을 열었습니다. 그 분이 십자가에 못 박혀 돌아가신 후에 그 분을 만나 이야기를 주고받았는데 그 분은 이 세상 누구보다도 불쌍한 순례자들을 사랑하노라고 하셨으며 정말 그 분처럼 사랑이 충만하신 분은 없을 것이라고 입을 모아 간증하는 것이었습니다.

그들은 간증을 확인하고자 예를 들어 이야기했습니다. 즉 그 분은 영적으로 헐벗고 가난한 인간을 구원하기 위해 자신의 영광을 스스로 벗어버렸다고 말씀하셨으며, 시온산에서도 그 분 혼자만 거주하기를 원하지 않는다고 말하면서 거듭 다짐하셨다는 것이었습니다. 출신이 낮던, 사는 곳이 거름더미였던(삼상 2:8, 시 113:7) 그에게 오는 순례자는 누구나 왕처럼 귀한 위치로 끌어 올려 주었노라고 말씀하시는 것까지 그들은 직접 들었노라고 말하는 것이었습니다.

20. 평 화

　이렇게 밤늦게 까지 함께 이야기를 나누던 그들은 사랑과 자비로 보호해 주실 것을 주님께 기도 드린 뒤에 제각기 잠자리에 들어갔습니다. 그들은 해 뜨는 쪽으로 창문이 나 있는 이층의 커다란 방으로 순례자를 인도해 주었는데 그 침실의 이름은 '평화'였습니다. 그곳에서 새벽까지 숙면을 취한 그리스도인은 잠에서 깨어나 노래를 불렀습니다.

내가 지금 머무는 곳이
어디인가?
순례자를 사랑하시는
예수께서
긍휼히 여기사 마련하신
곳이 아닌가
쉴 곳을 예비하시고
지은 죄 사하여
주시다니
이미 나는 하늘나라
안에 있도다

아침이 되자 모두 일어나 좀더 이야기를 나눈 후 그리스도인에게 이 집에 보존되어 있는 여러 가지 진기한 물건들을 보고 나서 길을 떠나라고 말했습니다. 그리고 그리스도인을 서재로 인도해 주었는데 그곳에서는 아주 오랜 옛날의 일들을 기록해 놓은 책들을 볼 수 있었습니다. 내가 꿈속에서 기억하건대 그 책들 중에서도 맨 먼저 그들이 보여 준 것은 이 집의 주인에 대한 족보였습니다. 거기에는 그가 '옛 적부터 항상 계신 이' (단 7:9)의 아들이시며, 영원부터 계신 이었다는 것과 그가 이제껏 행한 행적들이 자세히 기록되어 있었으며 그가 불러 사역시킨 수백 명의 이름이 적혀 있었고, 오랜 세월과 자연의 온갖 천재지변에도 소멸되지 않는 견고한 집에 그들을 머물게 하신 기록도 적혀 있었습니다.

다음에는 주인에게 봉사한 사역자들 중에서 몇몇이 행한 공적들을 그리스도인에게 읽어 주었습니다. 그들이 어떻게 언약을 얻었고, 어떻게 사자들의 입을 막고 맹렬히 타오르는 불길을 꺼 버렸으며 날카로운 칼날의 위험을 피하여 본래는 약한 자들이 점차 강하게 되고 용감하게 전투에 임했으며 어떻게 이방 적군을 물리쳤는가 등등의 기록들이었습니다.

다음에는 이 집의 또 다른 기록에 대하여 읽어 주었는데, 이 집의 주인은 세상 어느 누구라도, 심지어는 과거에 자신의 인격과 행위에 심한 모욕과 핍박을 가한 사람이라도 차별 없이 그들을 영접하여 기꺼이 은혜를 베풀어 주셨던 일들이 적혀 있었습니다.

이 밖에도 여러 유명한 사건을 기록한 책이 여러 권 있었는데 그것들을 일일이 그리스도인에게 보여 주는 것이었습니다. 그들 중에는 동서고금을 막론하고 반드시 성취되고 이루어졌던 예언들이 기록되어 있었는데, 원수들에게는 두려움과 놀라움이 되고 순례자들에게는 도움과 위로가 되는 책들이었습니다.

다음날 그들은 그리스도인을 병기 창고로 데리고 가 순례자들을 무장시키

기 위해 집주인
께서 마련해 놓
은 여러 가지 무
기— 칼·방패·
투구·갑옷·기
도(엡 6:18) 및
영원히 닳지 않
는 신 등을 구경
시켜 주었는데,
주님을 위해 사
역하고자 하는 사
람들이 하늘의 별
처럼 많다고 하
더라도 충분히 무
장시킬 수 있을
만큼 많은 병기
가 마련되어 있
었습니다.

다음으로 그들은
주님의 일꾼들이 놀라운 일을 행하는 데 사용했던 몇 가지 도구를 보여주었
습니다. 예를 들면, 모세의 지팡이(출 17:9), 야엘이 시스라를 죽일 때 사용
했던 말뚝과 방망이(삿 4:2 1), 기드온이 미디안 군대와 싸워 그들을 물리칠
때 사용했던 빈 항아리와 나팔과 횃불(삿 7:16~23), 삼손이 공적을 세울 때
사용한 턱뼈(삿 15:15), 다윗이 가드 사람 골리앗의 이마를 쳐죽일 때 사용
했던 물매와 돌(삼상 17:49), 또 주님께서 장차 심판하실 날에 죄인들을 멸
하실 칼(렘 21:9, 살후 2:3~4)도 보여 주었습니다. 이 밖에도 그들이 보여
주는 뛰어난 도구들을 구경하면서 그리스도인은 몹시 행복하고 감사한 마음
이었으며 구경을 끝내자 그들은 다시 잠자리에 들었습니다.

다음 날 그리스도인이 다시 길 떠날 채비를 갖추고 있는 것을 나는 꿈속에
서 보았습니다. 그러나 그들은 하루만 더 묵어 가라고 간곡히 권하면서 만일
날씨가 좋으면 '기쁨의 산들'을 보여 주겠노라고 말했습니다. 그 산들은 지금
그가 묵고 있는 곳에서보다도 목적지인 천국의 안식처에 훨씬 가까운 곳인

만큼 더 많은 위안
을 얻을 수 있을 것
이라고 덧붙여 설명
해 주는 것이었습니
다. 그리하여 그는
하루 더 묵어 가겠
노라고 승낙했습니
다.

오전 무렵, 그들은
그리스도인을 지붕
위로 데리고 가서
남쪽을 보라고 했습
니다. 남쪽을 바라
보니 저 멀리 매우
아름다운 산들이 눈
앞에 전개되었습니
다. 울창한 삼림,
포도밭, 온갖 유실
수가 있는 과수원,
형형색색의 아름다운 꽃들, 끊임없이 솟아나는 샘물과 분수들― 실로 표현하
기 어려울 정도로 아름다운 절경이었습니다. 그는 그 곳의 이름을 물었습니
다. 그들은 '임마누엘의 땅'이라고 가르쳐 주었습니다. 덧붙여서 저 산은 이
집과 마찬가지로 순례자들을 위한 휴식처로 마련된 것인데 산 정상에 올라가
바라보면 천국 문이 보이고 그곳에 살고 있는 양치기들도 보인다고 일러주었
습니다.

21. 전신갑주

　이제 그가 떠나야겠다고 하자 그들은 기꺼이 동의하면서도 출발하기 전에 우선 병기고에 한번 더 가보자고 권하는 것이었습니다. 그리스도인은 그들을 따라 창고로 갔습니다. 그곳에 다다르자 그들은 머리끝부터 발끝까지 전혀 꿰뚫을 수 없는 투구와 갑옷으로 그리스도인을 무장시켜 주었습니다. 이것은 가는 도중에 부딪칠 온갖 위험에 대비하기 위한 것이었습니다. 이렇게 중무장한 그리스도인은 친구들과 함께 문으로 달려가서 그 동안 어떤 순례자들이 지나가지 않았는지 물어 보았습니다. 문지기가 한 순례자를 보았다고 대답하자 자비가 그가 누구인지 알고 있느냐고 물었습니다.

문지기 이름을 물어 보았더니 '성실'이라고 하더군요.

그리스도인 아, 내가 아는 사람입니다. 그는 나의 고향 사람인데 나와 가까운 이웃입니다. 그런데 얼마나 앞섰을까요?

문지기 지금쯤은 아마 산 아래까지 내려갔을 겁니다.

그리스도인 당신께서 내게 베푸신 친절에 감사 드립니다. 주님께서 당

신과 함께 하시며 많은 것으
로 축복해 주시기를 빕니다.
그리스도인이 인사를 마치
고 출발하려고 하자 근심·
자비·명철·경건 등이 산
밑까지 동행하겠다고 나서
는 것이었습니다. 그리하여
그들은 산밑에 다다를 때까
지 이전에 하던 이야기를 다
시 계속하였습니다.

그리스도인 올라올 때도 몹
시 힘들더니 내려가는 길도 역시 위태롭군요

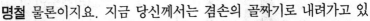

명철 물론이지요. 지금 당신께서는 겸손의 골짜기로 내려가고 있

기 때문에 위태로운 것입니
다. 도중에 미끄러지지 않도
록 아주 조심하셔야 합니다.
세 처녀 그래서 우리가 함
께 따라 나온 거지요.
그는 조심해서 내려갔지만 한두
번 미끄러지고야 말았습니다. 나
는 꿈속에서 그리스도인이 산밑
에 다다르자 세 사람의 선한 동
행자가 그에게 빵 한 덩어리와
포도주 한 병, 건포도를 건네주
는 것을 보았습니다. 그는 여행
을 계속했습니다.

22. 굴욕과 대결

그리스도인은 혼자 가다가 '겸손의 골짜기'에서 난관에 봉착했습니다. 얼마 더 가기도 전에 한 추하게 생긴 괴물이 그에게 다가오는 것이었습니다. 이 괴물의 이름은 '아폴리온(무저갱의 사자, 계 9:1)이었습니다. 두려움에 사로잡힌 그리스도인은 돌아서서 달아나 버릴까, 아니면 그냥 맞서볼까 망설였습니다. 그러다가 그는 가슴 막이 갑옷만 입었을 뿐 등에는 아무 것도 가리지 못한 것을 생각하고 만일 돌아서서 도망친다면 마귀의 창에 찔릴 위험성이 크므로 더 위험하다는 것을 깨닫고 과감하게 대항하기로 결심했습니다.

그리하여 앞으로 걸어 나가다가 마침내 그리스도인은 아폴리온과 마주치게 되었습니다. 마귀의 모습은 보기만 해도 소름이 끼칠 정도로 흉측하기 짝이 없었습니다. 몸은 물고기 비늘로 덮여 있었고(이것이 또한 마귀의 자랑거리였습니다) 용의 날개 같은 것이 등에 솟아 있었으며, 발은 곰의 발처럼 생겼고, 배에서는 시뻘건 불길과 검은 연기가 쏟아져 나오고 있었으며 입은 사자 입과 같았습니다. 그는 그리스도인에게 바짝 다가오더니 경멸하는 표정으로 노려보면서 질문을 던졌습니다.

아폴리온 너는 도대체 어디서 와서 어디로 가는 놈이냐?

그리스도인 나는 악의 소굴을 떠나 시온 산으로 가고 있다.

아폴리온 그렇다면 너는 내게 복종해야 마땅할 신자 중 하나가 아니냐? 네 고향은 물론 모든 나라는 내 것이고 나는 그들의 왕이며 신이니라. 그런데 어찌하여 나를 배반하고 달아나려 하느냐? 나는 네가 반성하고 다시 날 섬기기를 바란다. 만일 그렇게 하지 않는다면 한번에 너를 거꾸러뜨리겠다.

그리스도인 네가 지배하는 나라에서 태어난 것은 사실이지만 너를 섬길 수는 없다. 우리가 일한 대가가 무엇이냐. '죄의 삯은 사망'이라고 했다(롬 6:23) 나는 양심을 따라 삶을 개선해 보려고 여러 방도를 찾고 있었다.

아폴리온 자기 신하를 빼앗기는 어리석은 왕은 없느니라. 나는 너를 절대로 놓지 않겠다. 나를 섬기는 일이 힘들다는 것과 대가가 박했다고 불평하는데 알았으니 안심하고 돌아가거라. 내 너를 힘이 닿는 대로 후대해 주도록 하마.

그리스도인 그러나 나는 이미 너 아닌 왕 중의 왕이신 분께 모든 것을 바치기로 한 몸이다. 다시는 네게로 돌아갈 수 없다!

아폴리온 너는 지금 마치 '나쁜 곳에서 더 나쁜 곳으로 옮겨간다'는 속담처럼 어리석은 짓을 행하고 있다. 스스로 그놈(하나님)의

신하라고 자칭하던 놈들이 또다시 그를 속이고 내게로 돌아오는 일이 헤아릴 수 없이 많다. 네놈도 머지않아 그렇게 될 테니 그때는 만사가 잘 해결되겠지.

그리스도인 나는 이미 그분께 충성을 다하기로 맹세한 사람이다. 만일 내가 등을 돌려 너에게 간다면 반역자로 낙인 찍혀 처형당할 것이다.

아폴리온 너는 이미 나를 배반한 놈이지만 지금이라도 마음을 돌려 내게로 돌아온다면 기꺼이 모든 것을 용서해 주겠다.

그리스도인 내가 너에게 충성을 약속한 것은 아무 것도 무르던 어렸을 때 일이었다. 지금 내가 모

시는 하나님께서는 내 죄를 사해 주고 한때 너에게 맹종했던 죄도 용서하시는 분이시다. 너 멸망의 왕 아폴리욘 들거라. 나는 그분을 섬기는 일과 그 분이 주시는 보응과 그 분의 종들, 그의 통치, 그의 나라를 너보다 좋아한다. 더 이상 나를 설득하려는 헛수고는 말고 돌아가라. 나는 하나님의 종이므로 그를 따르고 섬길 것이다.

아폴리욘 흥분하지 말고 냉정하게 마음을 가다듬어 보아라. 앞으로 네가 그 길을 계속 가고자 할 때 어떤 어려움에 부딪히게 될지 모른단 말이냐. 너도 알다시피 그의 신하들은 모두 나의 통치를 배반하고 떠나갔던 놈들이었다. 그러나 그들은 대부분 비참한 종말을 맞았다. 그들이 얼마나 치욕적인 죽음을 당했었는지 알기나 하느냐? 너는 그를 섬기는 것이 나를 섬기는 것보다 낫다고 생각하는 모양이지만 그는 자기를 떠나 내 손 아귀에 들어온 그의 신하들을 구하려고 나서는 일은 절대로 없었다. 그러나 나는 나의 모든 권력과 수단 방법을 가리지 않고 나를 섬겼던 신하들을

구하려 한다. 비록 그들에게 잡혀 있는 상태라 하더라도 어떻게든 구원해 낸다는 것은 천하가 다 알고 있는 일이 아니냐! 그래서 나는 너를 구원해 주려는 것이니라.

그리스도인 그분께서 당장 그의 종들을 구원해 주지 않는 이유는 의도적으로 하나님에 대한 사랑을 시험해 보기 위해서일 뿐이다. 너는 그들이 비참한 종말을 맞게 된다고 하지만 네가 말하는 그들의 종말은 비참한 것이 아니고 영광스러운 것이다. 그들은 현세의 영화를 외면하고 하나님께서 천사들과 영광 가운데 오실 때 얻게 될 영생의 구원을 기다릴 뿐이다.

아폴리욘 너는 이미 그 분을 섬기는 데 불충실했다. 그러고도 어떻게 그의 영광을 받을 수 있다고 생각하느냐?

그리스도인 마귀 아폴리욘아, 내가 언제 불충실했단 말이냐?

아폴리욘 네가 길을 떠난 지 얼마 되지 않아 절망의 늪에 빠져 질식할 뻔했을 때 결심이 흔들렸고, 하나님이 네 짐을 벗겨 줄 때까지 기다렸어야 했는데 세속의 유혹에 넘어가 딴 길로 빠져들었으며, 어리석

은 잠에 빠졌다가 소중한 것을 잃었고, 사자를 보고 놀라 되돌아
갈 생각을 했었다. 또 여행 중에 보고들은 것들을 이야기할 때도
너의 자만심과 허영심이 드러났느니라.

그리스도인 그 말은 모두 사실이고 네가 채 말하지 않은 것도 많
다. 그럼에도 불구하고 주님께서는 자비를 베푸셔서 모든 것을
다 용서해 주시었다. 그뿐 아니라 내가 너의 나라에 살며 너를 섬
길 때 몸에 배어 버리지 못했던 실수도 하나님께서는 용서해 주
셨다. 그러자 아폴리온은 벌컥 화를 내면서 달려들 듯한 기세로
말하는 것이었습니다.

아폴리온 나는 네 하나님의 원수다. 그의 됨됨이, 그의 율법, 그
의 백성까지 모두 증오한다. 그래서 너의 길을 방해하려고 왔느
니라.

그리스도인 악한 마귀야 물러가라. 내가 걷는 이 길은 하나님의
길이고 거룩한 길이
니라.

　그러자 아폴리온은
길 한가운데 떡 버티고
선 채 화가 머리끝까지
올라 고함을 질러댔습
니다.

아폴리온 나에게는
무서운 대상이 없
다. 죽을 각오를 하
라. 내가 지옥을 두
고 맹세하노니 기필
코 너의 영혼을 멸
망시켜 한 발자국도

못 가게 하리라.

이 말이 떨어지기가 무섭게 마귀는 불붙은 창을 그리스도인의 가슴을 향해 던졌습니다. 그러나 그리스도인은 방패를 들어 그것을 막아냈습니다. 그리고 분발해야 할 때가 됐다고 생각한 그리스도인은 칼을 빼들었습니다.

그때 아폴리온은 여러 개의 투창을 우박처럼 한꺼번에 퍼부으면서 맹렬하게 돌격해 왔습니다. 그리스도인은 있는 힘을 다해 그 많은 창을 피하려 했으나 결국

머리와 손과 발에 부상을 입고 말았습니다. 그로 인하여 그리스도인은 약간 물러서지 않을 수 없었습니다.

이때 아폴리온은 전력을 다해 공격해 왔으나 그리스도인도 다시 용기를 내어 최선을 다해서 싸웠습니다. 아폴리온이 그것을 알아채고 그리스도인에게 번개같이 달려들어 거칠게 공격을 가했습니다. 그 바람에 그리스도인은 들고 있던 검을 놓치고 말았습니다. 그러자 아폴리온은 "꼼짝 말아라" 하고 거칠게 소리치며 그리스도인을 무섭게 내리눌렀습니다. 그리스도인은 죽을 지경에 이르렀습니다.

마귀가 최후의 일격을 가하려는 순간 그리스도인은 하나님의 도우심으로 손을 뻗어 놓쳤던 칼을 집어들었습니다. 그리고 "나의 대적이여, 나로 인하여 기뻐하지 말지어다. 나는 엎드러질지라도 일어날 것이요(미 7:8)"라고 외치면서 마귀를 힘껏 찔렀습니다. 순간 아폴리온은 치명상을 입은 듯 비틀거리며 뒤로 나자빠졌습니다.

그 모양을 본 그리스도인은 "이 모든 일에 우리를 사랑하시는 이로 말미암아 우리가 넉넉히 이기느니라(롬 8:37)" 하고 외치면서 다시 공격하려는 찰나 아폴리온은 용의 날개를 펼치고 멀리 달아났습니다. 그리스도인은 그 후

치열한 싸움이 거의 반나절 이상 계속되었으므로 그리스도인은 기진맥진했습니다. 여기저기 부상을 입어 그 상처로 인해 기력이 약해질 수밖에 없었습니다.

다시는 그를 보지 못하였습니다(약 4:7). 이 싸움은 나처럼 직접 목격한 사람이 아니고는 누구도 상상하지 못할 정도로 무시무시한 포효와 불길이 오가는 소름끼치는 전투였습니다. 용의 형상을 한 아폴리온은 싸우는 동안 무시무시한 소리로 으르렁거리며 기괴한

소리를 내질렀고 그리스도인은 가슴에서 우러나오는 깊은 숨소리를 내고 있었습니다. 그는 마귀에게 치명상을 입힌 것을 확신할 때까지 한번도 긴장을 풀지 않다가 마귀를 물리치고 나서야 하늘을 바라보면서 미소를 지었습니다. 일찍이 보지 못한 치열하고 무시무시한 광경이었습니다.

싸움이 끝나자 그리스도인은 "사자의 입으로부터 나를 구해 주시고 마귀 아폴리온과 싸움에서 나를 도와주신 주님께 진심으로 감사를 드립니다"라고 찬양했습니다.

마귀 대장 바알세불 나를 죽이려
무장하고 맹렬하게 공격했으나
미가엘 천사장이 나를 도왔고
날선 검의 위력으로 악한 마귀 무찔렀네

은총의 주님을
찬송하리라
영원무궁 그 이름
경배하리리

그때 한 사람이 생
명 나뭇잎을 가져와
그리스도인에게 주
었고 그것을 받아 싸
우다 입은 상처 위
에 붙였더니 순식간
에 아물어 버렸습니
다(계 22:6). 그는
그 자리에 앉아 아
침에 자기를 안내해
준 세 처녀들이 준
빵과 포도주를 먹었
습니다. 이렇게 해

서 다시 원기를 회복한 그리스도인은 검을 든 채 길을 떠났습니다. 앞으로
또 어떤 대적을 만나게 될지 모르기 때문이었습니다. 그러나 그 골짜기를 통
과하는 동안 아폴리온은 물론 어떤 습격도 받지 않았습니다.

23. 죽음의 골짜기

그 골짜기를 지나자 또 다른 골짜기가 나타났습니다. 그것은 '사망의 음침한 골짜기'로서 천국에 이르기 위해서는 반드시 그 골짜기 한 가운데를 통과해야 하기 때문에 그리스도인은 그곳을 피할 수 없었습니다. 그 골짜기는 매우 으스스하고 인적이 없는 곳으로 일찍이 선지자 예레미야는 이곳을 '광야, 곧 사막과 웅덩이와 건조하고 음침한 땅, 죽음이 도사리고 있는 땅, 사람이 다니지 아니하고 거주하지 아니하는 땅(렘 2:6)'이라고 했습니다(시 23:4).

그 골짜기에서 그리스도인은 아폴리온과의 치열한 싸움보다도 훨씬 심각한 난관에 부딪히게 되었습니다. 그 상황은 이러합니다.

내가 꿈속에서 보니 그리스도인이 사망의 음침한 골짜기에 도달했을 때 저쪽에서 빠른 걸음으로 다가오는 두 사람이 있었습니다. 그들은 아름다운 천국을 비방하고 헛소문을 퍼뜨리는 악한 자들의 자손이었습니다(민 13:30~33). 그리스도인이 그들에게 말을 걸었습니다.

그리스도인 어디를 그렇게 바삐 가십니까?

두 사나이 돌아가는 중이오, 당신도 생명이 아까운 줄 알면 돌아가는 것이 좋을 것이오.

그리스도인 무슨 일입니까?

두 사나이 무슨 일이냐구요? 우리는 당신이 지금 가고 있는 길을 갈 수 있는 데까지 가 보았소. 그러나

아무 소용이 없었소. 만일 더 갔더라면 돌아오기는커녕 거기서 죽을 뻔했소. 이렇게 살아와 소식도 전하지 못했을 것이오.

그리스도인 무슨 일을 당했기에 그러십니까?

두 사나이 우리는 깊은 골짜기로 들어가다 앞을 바라보게 되었소. 다행히 더 들어가지 않고 매우 위험한 것이 가로막고 있는 것을 보았소.

그리스도인 어떤 위험이었나요?

두 사나이 골짜기가 역청처럼 온통 시커먼 구렁텅이였소. 그 안에는 온갖 귀신과 사티르(희랍신화의 반은 사람이고 반은 염소인 신)와 용들이 우글거리고 있었소. 그리고 골짜기 안에서는 고통을 이기지 못하여 울부짖는 사람의 고함소리가 울려나오고 있었소. 그들은 쇠사슬에 묶인 채 구렁텅이 속에서 몸부림을 치고 있었는데 말할 수 없이 비참한 형상이었소. 골짜기 위에는 음침한 혼돈의 구름이 첩첩이 덮여 있었고 죽음의 그림자가 어둡게 날개를 펼치고 있었소. 구석마다 온통 공포와 신음이 뒤섞인 채 질서라고는 찾아볼 수 없는 무서운 광경이었소.

그리스도인 당신들이 말하는 위험을 보지 못했지만 천성으로 가는 길은 그래도 이 길밖에 없지 않습니까?

두 사나이 굳이
가시려거든 가보
시구려. 우리는
이 길을 택하지
않겠소.

거기서 그들은 제
갈 길로 떠나 버렸
고 그리스도인은 가
던 길을 계속했습니
다. 그러나 습격 당
할 우려가 있기 때
문에 손에는 칼이 들
려 있었습니다. 그때
나는 꿈속에서 골짜
기가 계속되는 오른
쪽에 엄청나게 깊은
낭떠러지가 있는 것을 보았습니다. 소경이 소경을 인도하다가 둘 다 빠져 죽
는 곳이 바로 이 낭떠러지였습니다. (시 69:4~15, 눅 6:39).

또한 골짜기 왼쪽으로는 대단히 위험한 수렁이 있었는데 아무리 선한 사람
이라도 한번 발을 헛디뎌 빠지면 도저히 헤어나올 수 없는 깊은 수렁이었습
니다. 한때 다윗 왕도 이 깊은 수렁에 빠진 적이 있었습니다. 자비로우신 하
나님께서 구원해 주지 않았더라면 그는 거기서 죽었을 것입니다.

그뿐 아니라 길이 너무 비좁아 그리스도인이 겪는 고생은 이만저만이 아니
었습니다. 칠흑같이 어두운 속에서 한쪽으로는 깊은 도랑이 반대쪽에는 깊은
수렁이 입을 벌리고 있었습니다. 잠깐이라도 조심하지 않으면 굴러 떨어지기
십상입니다. 그 길을 고생하며 걸어가는 그리스도인의 입에서는 탄식과 한숨
소리가 끊이지 않고 새어나왔습니다. 어둠 속에서 좁은 길로 걸어가자니 한
발 한 발 내딛을 때마다 어디를 어떻게 디뎌야 할지 종잡을 수가 없어 몹시
괴로워하고 있었습니다.

그때 나는 골짜기 중간쯤에 지옥 입구가 있는 것을 보았는데 그것은 길과
접해 있었습니다. 그것을 본 그리스도인은 '아! 나는 이제 어쩌면 좋을까?'

하고 생각했습니다. 지옥에서는 무시무시한 굉음과 함께 번쩍번쩍 불꽃을 튀기면서 화염이 쏟아져 나오고 있었습니다. 그 위험은 아폴리온의 경우와 달리 그리스도인의 칼 정도로는 대적할 수 없는 위력을 가진 것처럼 보였습니다. 그리스도인은 칼을 집어넣고 '기도(엡 6:18)'라는 새로운 무기를 꺼내어 들고 멀리 들릴 정도로 큰소리로 외쳤습니다.

"여호와여. 주께 구하오니 내 영혼을 건지소서(시 116:4)."

이렇게 기도를 드리며 걸어갔지만 불길은 꺼질 줄 모르고 그를 향해 달려들었고 애타게 부르짖는 소리와 음산한 공기가 그를 괴롭혔으므로 그리스도인은 이러다가는 몸이 갈기갈기 찢기거나 진흙처럼 짓밟히는 것이 아닐까 하는 약한 생각까지 하는 것이었습니다. 앞으로 가면 갈수록 무시무시한 광경과 음산한 소음은 점점 크게 들려왔습니다.

한 곳에 이르자 한 무리의 마귀 떼가 그를 만나러 쫓아오는 듯한 소리가 들렸습니다. 그는 멈추어 서서 어떻게 할까 방법을 생각했습니다. 그냥 돌아가는 편이 좋지 않을까 하는 생각이 들기도 했습니다. 그러나 이미 골짜기의 절반은 넘게 걸어 왔으리라는 생각과 함께 그 동안 많은 위험에 부딪쳤으나 잘 이겨내고 여기까지 이르지 않았느냐는 생각이 우세했습니다. 그리고 돌아가는 것이 앞으로 나아가는 것보다 더 위험할지 모른다는 생각도 들어 결국 계속 나아가기로 마음을 굳혔습니다. 마귀들이 매우 가까이 다가온 것 같다고 느껴졌을 때 그는 우렁찬 소리로 고함을 질렀습니다.

"나는 주 여호와의 능하신 행적을 믿고 걸어가리라(시편 71:16)."

그 한 마디에 놈들은 뿔뿔이 도망쳐 버렸고 다시는 나타나지 않았습니다. 그러나 기진맥진 정신이 혼미해진 그리스도인은 자신의 목소리조차 구별하지 못할 지경에 이르렀습니다. 그가 불타오르는 지옥문 입구를 지날 때 사악한 마귀 하나가 따라오면서 하나님을 모독하는 온갖 말을 소곤거렸습니다. 하지만 그는 자기 마음속에서 우러나오는 소리라고 생각하고 그것을 뿌리쳤습니다.

'이전에는 그토록 사랑하고 믿던 하나님을 스스로 비방하며 모독하다니 이럴 수는 없다.'

이렇게 생각하니 지금까지 겪었던 어떤 고통보다도 더 심하게 그를 괴롭혔습니다. 그러나 아무리 비방하지 않으려고 애를 써도 소용이 없었습니다. 귀를 막아도 비방이 어디서 들려오는 듯한 마음의 갈등을 일으켰습니다. 마침내 그는 분별할 능력마저 상실하고 말았습니다. 그렇게 답답하고 울적한 마

음으로 지쳐 걷고 있
을 때 누군가 앞에서
외쳤습니다.
"내가 사망의 음침한 골
짜기로 다닐지라도 해
를 두려워하지 않을 것
은 주께서 나와 함께 하
심이라(시 23:4)"

그 소리를 듣는 순
간 그리스도인은 위로
를 받았고 몹시 반가
웠습니다. 그 소리로
미루어볼 때 하나님을
경외하는 또 다른 사
람이 자기처럼 이 골
짜기를 걷고 있음을
알 수 있었고 이렇게
어둡고 음침한 골짜기
에서도 하나님께서 그
들과 함께 계셨으므로 자기와도 함께 하실 것이라는 것을 깨달았습니다(욥
9:11). 그리고 이렇게 나아가노라면 동료를 만나게 되리라는 희망도 생겼습
니다.

24. 충 성

그는 부지런히 걸으면서 앞서 가는 사람을 불렀습니다. 그러나 그 사람 역시 자기 혼자 가고 있다고 생각했던 듯 어떻게 대답해야 할지 모르는 것 같았습니다. 얼마 안 가 밝아오기 시작하자 그리스도인은 이렇게 외쳤습니다.

"하나님께서 사망의 그늘로 아침이 되게 하셨도다(암 5:8)."

마침내 밝은 아침을 맞은 그리스도인이 뒤를 돌아보았습니다. 되돌아가고 싶어서가 아니라 그 어둠 속에서 어떠한 위험을 뚫고 지나왔는지를 밝은 햇살 아래 똑똑히 보고 싶어서였습니다. 길 양쪽에 있는 깊은 낭떠러지와 무시무시한 수렁을 좀더 확실하게 볼 수 있었고 그 사이에 난 가느다란 길이 얼마나 위험한 것이었나를 알 수 있었습니다. 그리고 낭떠러지 속에 있는 귀신과

사티르들과 용들을 멀리서 볼 수 있었습니다. 날이 밝자 더 이상 따라오지 못하는 그것들을 성경에 기록된 대로 똑똑히 볼 수 있었습니다.

"어두운 가운데서 은밀한 것을 드러내시며 죽음의 그늘을 광명한 데로 나오게 하시도다(욥 12:22)."

그리스도인은 고독하게 걸어온 그 모든 위험과 고통으로부터 구원받은 기쁨에 한껏 젖어 있었습니다. 조금 전까지만 해도 공포를

느끼게 하던 온갖 위험들이 이제 밝은 햇빛 아래서 분명한 모습을 드러냈기 때문에 똑똑하게 그것들을 볼 수 있었습니다. 그리스도인은 또 한번 하나님의 자비하심을 느낄 수 있었습니다.

그러나 여기서 안심하고 있을 수만은 없습니다. 비록 죽음의 골짜기가 위험스럽기는 했으나 그가 앞으로 가야 할 길은 더 위험스러웠기 때문입니다. 그가 서 있는 골짜기 끝에 이르는 길까지에는 도처에 덫과 함정, 구렁텅이와 그물이 수없이 깔려 있었고 수렁과 깊은 낭떠러지와 가파른 경사가 산재해 있었습니다.

만일 골짜기를 지나올 때처럼 어두웠더라면 그는 감당하지 못했을 것입니다. 그러나 태양이 있었으므로 그는 용기를 내어 말했습니다.

"그의 등불이 내 머리 위에 비취었고 내가 그 광명을 힘입어 어둠 속에서라도 능히 길을 갈 수 있으리라(욥 29:3)."

그는 광명의 힘을 입어 골짜기 끝에 이르렀습니다. 내가 꿈속에서 보니 골짜기 끝에는 전에 이 길을 가다 죽은 순례자들의 피와 뼈가 여기저기 널려 있었습니다. 그런 것들을 보다가 바로 앞에 동굴 하나가 있는 것을 발견하였습니다. 동굴에는 '교황'과 '이교도'라는 두 거인이 옛날부터 살고 있었는데 그들은 온갖 권세와 폭정으로 지나가는 사람을 잔인하게 죽였습니다. 그 뼈와 재와 피 등 너저분하게 깔려 있는 것들

은 다 그 희생자들이었습니다. 그 길을 그리스도인이 별 위험을 겪지 않고

무사히 통과하는 것을 보고 나는 의아스런 느낌이 들었습니다. 후에 알고 보니 이교도는 이미 죽은 지 오래 됐고 교황은 지금까지 살아 있기는 하지만 나이가 많은 데다가 젊은 시절에 저지른 심한 폭행 때문에 자기 몸에도 많은 상처를 입었고 관절이 굳어져서 지금은 굴 입구에 앉아 분통을 삭이느라 손톱을 깨물면서 지나가는 사람을 비웃기나 할 뿐 덤벼들지 못하고 있었습니다.

그래서 나는 그리스도인이 길을 계속 걸어가고 있는 것을 보았는데, 동굴 입구에 앉아 있는 늙은 교황을 보았을 때, 그는 두려움으로 인하여 어쩔 줄 모르는 것 같았습니다. 특히 그 노인이 그리스도인에게 달려들지는 못할지라도 "좀더 많은 놈들이 불에 태워져 죽기 전에는 결코 너희들은 옳게 고쳐지지 못할 거다"라고 욕지거리만 하는데도 그는 두려운 생각이 드는 것이었습니다. 그러나 그는 침착한 태도와 너그러운 표정으로 그 앞을 지나갔기 때문에 아무런 해도 입지 않았습니다. 그러자 그리스도인은 찬송을 불렀습니다.

"오. 얼마나 놀라운 세상인가!(난 이 말밖에는 표현할 길이 없네!)
이곳에서 만난 모든 재난으로부터
내가 온전히 보호받을 수 있다니!
오. 그 많은 재난으로부터 나를 구원해 주신
손길 위에 축복 있으라!
내가 이 골짜기를 지나오는 동안
암흑과 마귀와 지옥과 죄악의 위험이 나를 에워쌌으며
수많은 함정과 구덩이와 덫과 그물이
내 앞길에 널려 있어
어리석고 미련한 내가 덫에 걸리거나 함정에 빠지거나
구덩이에 빠질 위험이 컸는데도
이렇게 건강하게 살아왔으니
예수께 영광 돌려 면류관을 드리세."

계속 길을 가던 그리스도인은 한 언덕에 다다르게 되었는데 이 언덕은 순례자들이 올라가서 앞을 내다볼 수 있게끔 일부러 쌓아올린 것이었습니다. 그래서 그리스도인도 언덕 위로 올라가 앞을 내다보았더니 저 앞에서 '성실'이 여행을 재촉하고 있는 모습을 볼 수 있었습니다. 그리스도인은 큰소리로 "여보세요, 여보세요. 기다려주세요. 나와 함께 길을 갑시다."이 말

을 듣고 성실이 뒤를 돌아보았을 때 그리스도인은 다시 한 번 소리를 질렀습니다. "기다려요, 기다려요. 내가 당신을 따라갈 때까지만 말이오." 그러나 성실은 "기다릴 수가 없어요. 생명이 위태롭기 때문입니다. 피의 원수가 내 뒤를 따라오고 있어요."

이 말을 듣고 다소 화가 난 그리스도인은 있는 힘을 다해 급히 달려가서 믿음을 따라잡고, 앞질러 버렸습니다. 그리하여 앞서 가던 자가 뒤서고 뒤에 가던 자가 앞서게 되었습니다. 동료를 앞질러 버렸지만 자만심으로 미소를 머금었던 그리스도인은 발 밑을 주의해 보지 않았기 때문에 갑자기 미끄러져 길 위에 넘어지고 말았습니다. 그는 성실이 따라와서 그를 일으켜 줄 때까지 일어날 수가 없었습니다.

꿈에 보니 그들은 매우 사이좋게 걸어가면서 순례 여행 중에 그들에게 일어났던 일들에 대해서 대화를 나누고 있었습니다. 그리스도인이 먼저 이야기를 시작했습니다.

그리스도인 사랑하는 형제 성실 씨, 내가 당신을 따라와 만나게 된 것이 몹시 기쁩니다. 하나님께서 우리들의 마음을 녹여 주시어 이렇게 즐거운 동반자로 여행할 수 있도록 도와주신 것을 감사하게 생각합니다.

성실 경애하는 친구여, 사실은 우리가 살던 도시를 떠나올 때부터 당

신과 함께 가려고 생각했었는데 당신이 먼저 떠나 버렸기 때문에 할 수 없이 나도 이렇게 먼길을 혼자 떠나오게 된 것이지요.

그리스도인 당신이 날 따라 순례 여행을 떠나기 전에 얼마 동안이나 멸망의 도시에 머물러 있었습니까?

성실 당신이 우리의 도시를 떠나자마자 가까운 장래에 하늘로부터 유황불이 떨어져 내려 온 도시가 잿더미가 돼 버릴 거라는 굉장한 소문이 순식간에 퍼졌지요. 그래서 나도 더 이상 지체할 수가 없어 길을 떠나온 것입니다.

그리스도인 그래요? 사람들이 그런 말을 했습니까?

성실 그렇습니다. 한동안 그 이야기가 모든 사람들의 입에 오르내렸지요.

그리스도인 그런데 어째서 당신 이외의 사람들은 위험을 피하여 도시를 떠나오지 않았습니까?

성실 이미 말씀드린 바와 같이 이야기는 많이 돌았지만 그것을 확실하게 믿는 사람은 별로 없었어요. 당신에 대한 이야기가 한참 열띤 논쟁을 일으키고 있을 때 몇몇이 당신과 당신의 '필사적인 도피'(그들은 당신의 순례여행을 이런 식으로 불렀지요)를 조소하는 것을 들었습니다. 그러나 나는 우리 도시가 하늘에서 내려온 유황불로 인하여 멸망당할 것이라는 이야기를 믿었고—지금도 믿고 있지만—그래서 도망쳐 나온 것입니다.

그리스도인 혹시 연약이라는 이웃사람에 대해서 들어본 적이 있습니까?

성실 예, 들었지요. 그는 당신을 따라 나섰다가 절망의 늪에 빠졌었다고 하더군요. 그는 늪에 빠졌던 일을 눈치채지 못하게 하려고 노력했지만 그의 몸 여기저기에 묻은 진흙으로 미루어 빠진 것이 틀림없다고 저는 생각했지요.

그리스도인 그에게 이웃사람들은 뭐라고 하던가요?

성실 그는 도시 사람들로부터 조롱을 받았지요. 어떤 사람은 그를 비웃을 뿐만 아니라 멸시하기까지 했습니다. 그는 지금 당신을 따라 도시를 떠났을 때보다 일곱 배나 더 어려운 지경에 놓여 있답니다.

그리스도인 그 사람들은 그가 저버린 길을 멸시하면서도 왜 그를 괴롭히는 걸까요?

성실 '그놈은 변절자이고 서약을 지키지 않는 놈이다'라고들 합니다. 하나님께서 진노하셔서 그의 원수들까지도 그를 멸시하게 함으로써 하나의 교훈으로 삼으시려는가 봅니다(렘 29:18,19).

그리스도인 도시에서 떠나기 전에 그와 만나 이야기를 나누어 보신 적은 없습니까?

성실 거리에서 한번 그를 만나긴 했지요. 하지만 그가 한 일을 스스로 부끄러워한 탓인지 외면하고 지나갔기 때문에 이야기를 나누지는 못했어요.

그리스도인 참 안됐군요. 처음에 그와 함께 길을 떠날 때는 저도 그에게 희망을 가지고 있었는데, 이제 도시가 멸망하는 날 그도 함께 멸망해 버리지 않을까 두렵군요. 왜냐하면 그는 마치 '개가 토한 것을 다시 먹고 돼지가 씻은 후에 다시 더러운 구덩이에서 뒹구는 격'이 되었기 때문입니다.

성실 저도 그의 멸망을 걱정하고 있습니다만 이제는 어쩔 수가 없군요.

그리스도인 믿음 씨. 그 사람 얘기는 그만 하고 우리의 이야기를 나누기로 합시다. 여기까지 오시는 도중에 무엇을 보고 겪었는지 이야기해 주십시오. 무언가 만나셨지요? 그렇지 않다면 오히려 이상한 일이겠지요?

25. 유 혹

성실 당신은 오는 도중에 절망의 늪에 빠졌던 모양인데 다행히 저는 빠지지 않고 무사히 좁은 문까지 올 수 있었습니다. 도중에 '바람둥이'라는 못된 여자를 만나 하마터면 큰일 날 뻔했지요.

그리스도인 그 계집의 마수에 걸려들지 않았다니 참으로 다행한 일입니다. 요셉도 여자 때문에 곤욕을 겪었으나 당신처럼 필사적으로 피했지요. 요셉은 하마터면 그의 목숨까지 잃을 뻔했었는데 당신에게는 그 여자가 뭐라고 하던가요?

성실 온간 교태와 아양을 떨고 아첨하는 모습이란 상상도 할 수 없을 지경입니다. 그녀는 온갖 쾌락과 만족을 다 주겠다고 하면서 자기와 함께 가자고 끈덕지게 유혹하더군요.

그리스도인 하지만 그녀가 양심을 만족시켜 주겠다고는 하지 않았겠지요?

성실 그렇습니다.

모든 것이 다 육신과 정욕의 만족이지요.

그리스도인 당신이 그녀의 유혹을 피할 수 있었던 것에 대해 하나님께 감사 드립니다. '여호와의 노를 당한 자는 거기 빠지리라' (잠 22:14)고 했지요.

성실 제가 전적으로 그녀를 피했는지는 잘 모르겠습니다.

그리스도인 그러나 당신이 그 여자의 욕망을 만족시켜 주진 않았을 텐데요?

성실 물론 몸을 더럽히지는 않았습니다. 마침 전에 읽었던 책의 한 구절이 생각나더군요. '그 걸음은 음부로 나아가나……'(잠 5:5). 그래서 그녀의 현란한 외모에 유혹되지 않으려고 눈을 감아 버렸지요. 그랬더니 그녀는 온갖 욕을 퍼부으며 물러갔고 나는 내 갈 길을 계속 갔습니다.

그리스도인 오는 도중에 다른 습격을 받지는 않았습니까?

성실 고난의 언덕이라는 산 중턱에 이르렀을 때 나이가 지긋한 한 남자를 만났는데 내가 누구며 어디로 가느냐고 묻더

군요. 그래서
나는 순례자이
며 천국으로
가는 길이라고
말했지요. 그
랬더니 그 노
인이 말하기를
'보아하니 당
신은 정직한
사람 같은데
내가 주는 월
급을 받으면서
나와 함께 살
지 않겠소?'
하고 권하지

않겠어요? 그래서 나는 그가 누구며 어디 사느냐고 물어 보았지
요. 그랬더니 이름은 '첫 사람 아담'이며(고전 15:45) 기만의 도시
에서 살고 있다고 대답하더군요. 그래서 나는 다시 그가 시킬 일
은 무엇이며 품삯은 얼마 정도인가 물어 보았습니다. 그러자 일
은 많은 쾌락들뿐이고 품삯은 그가 죽은 후에 상속인이 되는 것
이라고 하더군요. 어떤 집에서 어떻게 살며 다른 종들을 거느리
고 있느냐고 물었더니 자기의 집은 아름다운 곳으로 세상의 온갖
맛있는 것들로 갖추어져 있고 종들은 전부 자신의 자손들이라고
말했습니다. 그래 자식들은 몇 명이나 되느냐고 물었더니 아들은
없고 딸만 셋이 있는데 그들의 이름은 육신의 정욕, 안목의 정욕,
물질의 자랑(요한 1서 2:16)이래요. 그리고 말하기를 내가 원하기

만 한다면 그들 모두와 결혼해도 좋다고 하더군요(요일 2:16). 또한 얼마 동안 내가 그와 함께 살기를 원하느냐고 물었더니 자기가 죽을 때까지 계속 같이 살자고 대답하더군요.

그리스도인 결국 당신과 그 노인간에 어떤 결론이 내려졌소?

성실 처음엔 그의 말에 다소 마음이 끌려 그 노인과 함께 가고 싶은 생각이 일어나기도 하더군요. 그런데 그가 옳은 말을 하는 걸로 생각하며 그의 이마를 바라보니 '옛 사람과 그 행위를 벗어버리라'(골 3:9)라고 씌어 있더군요.

그리스도인 그래서 어떻게 했습니까?****수정

성실 지금 무슨 말로 온갖 유혹의 아첨을 할지라도 내가 그의 집으로 함께 따라가기만 하면 틀림없이 나를 노예로 팔아먹을 것이라는 예감이 불길처럼 떠오르더군요. 그래서 나는 그에게 아무리 그런 말로 해도 소용없다고 하자 그는 욕설을 퍼부으면서 내 뒤로 사람을 하나 딸려 보내 가는 도중에 한껏 괴롭혀 주겠노라고 악담을 하더군요. 그리하여 내가 그로부터 떠나가려고 등을 돌리는 순간, 그가 나의 몸을 움켜쥐고 어찌나 세게 비틀며 끌어당기던지 마치 몸의 한쪽이 떨어져 나가는 것 같았어요. 그때 나는 '오호라 나는 곤고한 사람이로다'(롬 7:24) 하고 외치면서 쉬지 않고 달려 언덕 위로 올라갔습니다.

마침내 언덕 중턱쯤에 이르렀을 때 뒤를 돌아다보니 한 사나이가 바람처럼 빠르게 내 뒤를 쫓아오는 것이 보이더군요. 결국 그는 정자 한 채가 서 있는 부근에서 나를 따라잡고 말았어요.

그리스도인 아, 그 정자 말이군요. 내가 피곤해서 잠시 쉬려고 앉았습니다가 그만 잠에 빠져 버리는 바람에 가슴에 품었던 두루마리를 잃어버렸던 곳이에요.

성실 내 말을 끝까지 들어주십시오. 그 남자는 나를 따라잡자마자 다짜고짜로 나를 내리치는 바람에 난 땅에 나동그라져서 한동안 죽은 듯이 정신을 잃고 말았지요. 내가 어렴풋이 정신을 차렸을 때 왜 이토록 심하게 구느냐고 했더니 그는 대답하기를 아담의 유혹에 보이지 않게 마음이 끌렸던 죄 때문이라고 하면서 또 한번 세차게 가슴을 내리치며 때리는 바람에 난 또다시 벌렁 뒤로 나자빠져서 전처럼 정신을 잃은 채 죽은 듯이 그의 발꿈치 밑

에 쓰려져 있었습니다. 다시 정신을 차렸을 때 나는 자비를 베풀어 달라고 간절히 소리쳤습니다만 그는 자비를 베푸는 방법을 알지 못하노라고 하면서 다시 저를 내리쳐 쓰러뜨려 버렸어요. 어떤 사람이 그의 곁을 지나가면서 그를 만류하지 않았더라면 그는 아마 나를 죽여 버렸을 것입니다.

그리스도인 그를 만류한 사람이 누구였습니까?

성실 처음에는 알아보지 못했지만 옆으로 지나가실 때 보니 손과 옆구리에 구멍이 나 있는 것으로 보아 그 분이 바로 주님이라는 것을 알아차릴 수 있었지요. 그래서 난 계속 언덕 위로 올라갈 수 있었습니다.

그리스도인 당신을 뒤쫓아와서 때린 사람은 모세입니다. 그는 어떤 사람이든지 용서해 주는 법이 없고 그의 율법을 어긴 사람들에게 자비를 베푸는 아량도 모르는 사람이지요.

성실 그것은 저도 잘 알고 있습니다. 그를 만나게 된 것이 이번이 처음은 아니니까요. 내가 고향에서 편안하게 살고 있을 때 찾아와서 이곳에 계속 머물러 있으면 집 전체를 몽땅 태워버리겠다고 말한 사람이 바로 그였으니까요.

그리스도인 혹시 당신이 모세와 만났던 언덕의 꼭대기에 집이 하나 서 있는 것을 보지 못하셨습니까?

성실 물론 보았지요. 그 앞에 으르렁거리고 있는 사자들도 보았는데, 그 때가 바로 점심 때여서 사자들이 낮잠을 자고 있다고 생각했지요. 또한 해질 때까지는 아직 시간이 많이 남아 있어서 문지기 앞을 지나쳐 언덕 아래로 그냥 내려갔습니다.

그리스도인 문지기가 당신이 그냥 지나가는 것을 보았다고 하더군요. 그런데 당신이 한번 그 집을 방문했더라면 좋았을 걸 그랬어요. 그들은 당신이 죽을 때까지 잊지 못할 매우 희귀하고 값진 것들을 당신에게 보여 주었을 테니까요. 참, 그런데 겸손의 골짜기에서는 아무도 만나 보지 못했습니까?

성실 만났지요. 불만이라는 사람을 만나 보았는데 자기와 함께 다시 돌아가자고 열심히 저를 설득하는 것이었습니다. 이유인즉 겸손의 골짜기에는 아무리 봐도 명예로운 것이 없기 때문이라는 것이었습니다. 또한 내가 그리로 가는 것은 자랑, 오만, 자기 기만, 세상 영광 등 다른 많은 친구들을 배반하는 행위라고 하더군요. 또한 골짜기를 계속 헤쳐 나아가는 어리석은 행위를 내가 스스로 저지른다면 그들은 몹시 기분 상하게 만드는 행위가 될 거라고 주장하더군요.

그리스도인 그래서 어떻게 대답해 주었습니까?

성실 당신이 언급한 그 모든 사람들이 나의 친족이라고 주장하는데—물론 사실상 혈통을 따지면 옳은 주장이긴 하지만—내가 이 순례자의 길에 들어섰을 때 그들은 나와 절연을 선언했고 나도 역시 그들을 멀리 했으니 이제 더 이상 그들은 내게 있어서 혈통 관계를 따질 필요가 없게 되었다고 말했습니다. 더구나 이 골짜

기에 대한 그의 생각은 무척 빗나간 것이라고 말해 주었지요. '겸손은 존귀의 앞잡이요, 교만은 패망의 선봉이다'(잠 15: 33, 16:18)라고 했으니 그러므로 나는 당신이 가장 가치 있다고 주장하는 세상적인 것들을 선택하기보다는 참된 현자들이 숭상하는 하늘의 영광을 구하기 위해 이 골짜기를 계속 나아가겠노라고 말했습니다.

그리스도인 그 골짜기에서 또 다른 사람을 만나 보지 못했습니까?

성실 또 있었지요. '수치'라는 이름의 친구를 만났는데 내가 순례여행 도중에 만난 사람 중에서 그처럼 이름이 걸맞지 않는 사람은 없었을 것 같습니다. 다른 사람들 같으면 어느 정도 논쟁을 한 뒤에 다소 마음을 돌리거나 단념하고 마는데 이 철면피 같은 인간은 그저 막무가내였으니까요.

그리스도인 그가 무슨 말을 하던가요?

성실 그는 종교 자체를 부정하는 것이었어요. 사람이 종교에 마음을 두는 것은 가련하고 비열하며 무기력한 일이라는 겁니다. 무기력한 양심이라는 것은 남자답지 못한 것이며, 용감한 정신의 소유자들이 스스로 과시하는 영웅적인 자유를 행사하지 못하고 종교를 통해 스스로를 얽어맴으로써 뭇 사람들의 조롱거리가 되어 버린다는 거지요. 권세 있고 부유하고 지혜로운 사람이라면 거의가 하나님을 찾아야 한다는 내 의견에 반대할 것이며 믿음을 통하여 장차 무엇을 얻을 수 있을지 확실히 알지도 못하면서 스스로 세상의 쾌락을 버리는 어리석은 바보나 할 짓이라고 하면서 그들은 쉽사리 설득 당하지도 않을 것이라고 하더군요(요 7:48, 고전 1:26, 3:18, 빌 3:7,8) 그리고 옛부터 순례자가 되는 사람은 모두 비천하고 낮은 신분을 가진 사람들로서 자신이 살고 있는 세상조차 알지 못할뿐더러 자연과학을 전혀 이해하지 못하는 무식한 자들이라고 비웃는 것이었습니다. 그밖에도 여기서 내가 다 말하지 못할 정도로 많은 것들을 말했는데, 예를 들자면 설교를 들으면서 울거나 탄식하는 것은 수치스런 행동이며, 예배가 끝나고 집으로 돌아가면서도 한숨짓고 괴로워하는 것은 우스꽝스러운 짓이라고 말하더군요. 사소한 잘못을 저지르고 나서도 이웃 사람들에게 용서를 비는 것이라든지, 조금이라도 돈을 빌리면 반드시 갚는 것 등 모두가 수치스러운 일이라는 거예요. 더구나 종교는 위대한 사람이 사소한 악행(악행이란 말을 쓰지 않고 좀더 근사한 말을 쓰기는 했지만)여하튼 조금만 실수를 저질러도 비난받게 될 뿐 아니라, 같은 종교를 믿는 사람들끼리는 같은 믿음의 형제라고 하여 비천한 사람들일지라도 받아들이고 존경하게 되니 이 또한 수치스러운 일이 아니냐고 하더군요.

그리스도인 그래서 당신은 그에게 뭐라고 말해 주었습니까?

성실 처음엔 뭐라고 말해야 할지 몰라서 다소 당황했지요. 그의

논증은 나를 몰아 붙여서 얼굴이 빨갛게 상기되도록 만들었고 그 수치란 놈이 나의 이러한 낌새를 알아차려서 하마터면 내가 그에게 당할 뻔했지요. 그러나 나는 곧 마음을 진정시키고 생각했지요. '사람 중에 높임을 받는 그것은 하나님 앞에 미움을 받는 것이니라'(눅 6:15)라는 성경 말씀을 상기하면서 수치가 한 말을 다시 생각해 보니 인간에 대한 이야기만 했지 하나님과 하나님의 말씀에 대한 이야기는 한 마디도 하지 않았다는 사실을 생각해 냈습니다. 좀더 깊이 생각해 보니까 최후의 심판 날에 우리의 영원한 생명과 죽음이 결정되는 것은 세상의 허세에 의한 것이 아니라 지극히 높으신 분의 지혜와 율법에 따르는 것임을 알 수 있었습니다. 그러나 이 세상의 모든 인간들이 하나님의 말씀을 거역한다 할지라도 하나님의 말씀이 가장 옳고 아름다운 것임을 재삼 확인했어요. 하나님께서는 믿는 신앙과 온유한 양심을 더 즐겨 받으신다는 것을 생각해 볼 때 천국을 위하여 세상에서 바보 취급당하는 사람들이야말로 가장 현명한 사람들이며, 하나님을

사랑하고 따르는 가난한 사람들이 세상에서 존경받으며 하나님을 미워하는 위대한 영웅이나 부자들보다 더 영적으로 부유한 사람들임을 깨닫게 되었지요. 그래서 나는 '수치야, 물러가라. 너는 나의 구원을 방해하려는 원수로다. 내가 하나님의 뜻을 어기고 너를 환영할까 보냐? 그렇게 한다면 주님이 강림하시는 날 내가 무슨 낯으로 하나님을 뵐 수 있겠는가? 만일 내가 지금 하나님의 종으로서 그의 길을 따르는 것을 부끄러워한다면 어찌 축복을 바랄 수 있으리요? 라고 소리를 질렀습니다. 그런데 정말이지 이 수치란 놈은 대단히 뻔뻔스러웠습니다. 내가 어떻게든지 그를 뿌리쳐 버리려고 애를 써도 그놈은 악착같이 내게 달라붙어 뒤쫓아오면서 내 귀에다 입을 바싹대고 종교에 속하는 여러 가지 약점들을 끊임없이 속삭이는 것이었습니다. 그래서 나는 단호하게 그놈에게 말했지요. '네가 아무리 수작을 계속해 보았자 결국 헛수고일 뿐이야. 나는 네가 경멸하고 비난하는 것들을 존경하고 있으며 또한 거기서 영광을 구하고 있으니까 말이다.' 마침내 나는 그 지긋지긋하게 성가신 놈을 떼어버리고 이렇게 노래 부르기 시작했습니다.

'하늘의 부르심에
손종하는 자들이
겪어야 할 시련은
많고 많도다
육체의 시험이
떠나고 나면
또 다른 시험이
다가오네
그 시험 못 당하고
사로잡히면
주님께 영원히
버림받으리.
오! 믿는 자여
믿는 자여
경성하고,
담대하게 모든
시련 물리치거라.'

그리스도인 당신이 용감하게 그 자를 물리쳤다니 정말 기쁩니다. 당신이 말씀하신 대로 그놈은 도대체 이름에 걸맞지 않는 놈입니다. 그는 자신의 행동을 부끄럽게 여기기는커녕 길거리에서까지 우리를 따라다니며 모든 사람들 앞에서 모욕을 주려고 대들었으니 말입니다. 그놈은 선한 것을 부끄럽게 여기도록 하려고 갖은 애를 쓰는 지독한 놈이지요. 그 자신이 담대한 놈이 아니라면 그런 짓을 생각하진 않겠지요. 그러니 우리가 합심하여 그 자의 헛된 유혹에 대항한다면 아무리 배짱 있고 담대한 놈이라 할지라도 결국 그의 꾐은 어리석은 행동일 뿐 아무 것도 아니니까요. '지혜로운 자는 영광을 기업으로 받거니와 미련한 자의 현달함은 욕이 되느니라'(잠 3:35)고 솔로몬도 말했지요.

성실 그러니까 우리는 수치에 대항하여 온 세상 사람들에게 진리를 파는 일에 용감하게 해달라고 하나님께 간구해야 한다고 생각합니다.

그리스도인 그렇습니다. 그리고 골짜기에서 또 다른 사람을 만나 보시지 않았습니까?

성실 만나지 못했는데요. 수치와 헤어진 후 나머지는 길을 걷는 동안, 그리고 사망의 음침한 골짜기를 지나는 동안에도 내내 햇볕이 쨍쨍 빛나고 있었습니다.

그리스도인 참 다행한 일이었군요. 내 경우는 전혀 달랐으니까요. 그 골짜기에 들어서자마자 아폴리온이라는 무시무시한 악마를 만나 오랜 시간 격투를 벌였는데 결국 그놈한테 죽음을 당할 것만 같았습니다. 특히 그놈이 날 넘어뜨리고 깔고 앉아서 마구 짓누를 땐 온몸이 부서져 버리는 것 같았어요. 더구나 그가 날 던졌을 때 내 손에서 칼이 빠져 달아나자 그는 자신만만하게 나를 죽이겠다고 했으니까요. 그때 나는 하나님께 호소했고 사랑이 충만한 주님은 내 외침을 들으시고 고통 가운데서 나를 구원해 주셨습니다. 내가 사망의 음침한 골짜기에 들어섰을 때는 거의 중간 지점에 이를 때까지 빛은 전혀 없고 몹시 어두웠어요. 죽을 고비를 여러 번 넘기다가 마침내 새벽에 태양이 떠올라서 남은 길은 쉽게 걸어올 수 있었지요.

26. 수다쟁이

　꿈속에서 보니 그들 두 사람이 계속 함께 걸어가고 있었는데 성실이 문득 옆을 바라보다가 그들 앞에서 한참 떨어져 걷고 있는 '수다쟁이'를 발견했습니다. 길이 상당히 넓어서 그들은 함께 걸어갈 수 있었습니다.

성실 여보시오. 어디를 그렇게 가십니까? 혹시 천국으로 가시는 길이 아니십니까?

수다쟁이 그렇소. 그리로 가는 길입니다.

성실 그럼 잘됐습니다. 함께 가십시다.

수다쟁이 좋습니다. 그렇게 하지요.

성실 이리로 오십시오. 함께 걸어가면서 유익한 이야기로 시간을 보냅시다.

수다쟁이 당신이든 누구든 유익한 이야기를 나눈다는 것은 퍽 반가운 일입니다. 그처럼 선한 일에 관심을 갖고 있는 분을 만나게 되어 반갑습니다. 솔직히 말해 여행 도중에 무료함을 달래기 위해 무익한 잡담

이나 나누길 좋아하
는 사람은 많아도 가
치 있는 이야기로 시
간을 보내려는 사람
은 별로 없기 때문에
제게는 늘 걱정거리
였지요.
성실 참으로 딱한 일
이지요. 하늘에 계신
하나님에 관한 얘기
를 하는 것보다 더

가치 있는 일이 어디 있겠습니까?

수다쟁이 당신이 그렇게 확신에 넘치는 말씀을 하시는 걸 보니
참 기쁘군요. 제가 한 마디 더 거들자면 사실 하나님에 관한 이야
기보다 더 유쾌하고 유익한 일이 어디 있겠습니까? 사람이 모두
기쁨을 느낄 수 있다면 그보다 유쾌한 일은 없을 것입니다. 역사
나 신비한 것들에 대한 이야기로 기쁨을 찾는다거나, 기이한 이
야기, 기적에 대한 이야기, 세상 종말에 있을 징조에 관한 이야기
들을 즐겨 한다면 성경보다 재미있고 유익하게 기록되어 있는 책
도 없을 것입니다.

성실 옳은 말씀입니다. 대화 중에 그러한 일들을 이야기함으로써
유익을 얻는 것이 바로 우리가 바라는 것이 아니겠습니까.

수다쟁이 그게 바로 제가 말씀드리려는 것입니다. 그러한 이야기
를 함으로써 사람들은 많은 지식을 얻을 수 있으며 매우 유익한
모임을 갖게 되지요. 예를 들면 세상적인 것들이 모두 헛되다든
지 하늘에 관한 것들이 우리의 영육에 유익이 된다는 것 등. 물론

이러한 것들은 보편적인 것들이지만 특별히 유익한 것들을 말하자면 거듭 태어나야 한다는 필요성, 인간이 하는 일의 불충분성, 그리스도의 의로우심이 인간의 구원에 필요하다는 점 등입니다. 이러한 이야기를 나눔으로써 회개하는 것, 믿음을 갖는 것, 기도하는 것, 고통받는 것 등등이 과연 어떠한 의미를 갖고 있는지 배우게 되며, 또한 복음이 주는 위대한 언약과 위로가 무엇인가를 깨닫게 되어 스스로 위안을 느끼게 되는 것이지요. 더 나아가서 사람은 이런 이야기를 통하여 그릇된 생각을 버리고 진리를 밝히며 우매한 자들을 깨우쳐 줄 수 있는 능력까지 배우게 될 것입니다.

성실 다 옳은 말씀이니 당신으로부터 그러한 이야기를 듣게 되어 참으로 기쁩니다.

수다쟁이 그러나 대개는 영원한 생명을 얻기 위해서는 믿음이 필요하고 영혼에 은총이 작용해야 한다는 필요성을 이해하는 사람이 드뭅니다. 그런 것들을 이해하지 못하기 때문에 대개는 율법에 의지해 살고 있는데, 이처럼 율법에만 의지해 사는 사람은 결코 천국 문을 들

어가지 못한 것입니다.

성실 실례합니다만 그와 같은 하늘에 대한 지식은 하나님의 선물입니다. 어느 누구도 인간 자체의 노력과 단순한 이야기만으로는 성스러운 하늘의 지식을 얻을 수 없는 것입니다.

수다쟁이 그것은 저 역시 잘 알고 있는 바입니다. 하늘에서 주시지 않으면 인간은 아무 것도 얻을 수 없으니까요(요 3:27). 모든 것은 은혜로 되는 것이지 행위로 되지는 않습니다(딤후 1:9). 그것을 증명하기 위해서라면 백 개의 성경구절이라도 인용하여 당신께 설명할 수 있습니다.

성실 그럼 이제부터는 한 가지 주제를 정해 놓고 대화를 나누는게 어떻겠습니까?

수다쟁이 무엇이든 원하는 대로 택하십시오. 그것이 우리들에게 유익하기만 하다면 하늘에 관한 이야기나 세상에 대한 이야기, 도덕에 관한 이야기, 복음에 대한 이야기, 거룩한 것, 세속적인 것, 과거에 대한 것, 미래에 대한 것, 외국에 대한 것, 우리나라에 관한 것, 본질적이거나 부수적인 것 등 무엇에 관해서든 이야기하고 싶습니다.

성실은 수다쟁이에 대해 경탄을 금치 못하면서 그리스도인 쪽으로 다가가 (이제껏 그리스도인은 혼자서 말없이 길을 걷고 있었습니다.) 조용히 속삭이기 시작했습니다.

성실 참으로 용감하고 훌륭한 동행자가 생겼소! 틀림없이 이 사람은 매우 뛰어난 순례자가 될 것입니다.

그리스도인(조심스럽게 미소를 지으면서) 당신이 지금 그토록 감탄하고 있는 사람은 스무 겹이나 되는 혀를 가지고 그를 잘 알지 못하는 사람들을 감언이설로 속여넘길 것입니다.

성실 그럼, 당신은 그를 이미 알고 있었습니까?

그리스도인 알다 뿐이 아니지요. 그 자가 자기 자신에 대해서 알고 있는 것보다 오히려 내가 더 잘 알고 있을 것이오.

성실 그 사람은 어떤 인물입니까?

그리스도인 그 이름은 수다쟁이인데 우리 동네에 살던 사람입니다. 당신이 그를 모르다니 이상한데, 아마도 우리 동네가 크기 때문인가 봅니다.

성실 그는 누구의 자식이며 우리 도시의 어디쯤에 살고 있습니까?

그리스도인 그는 '달변'의 아들인데 '수다쟁이 동네'에 살고 있으며 그 동네의 수다쟁이라면 누구나 잘 알고 있지요. 말재주는 좋지만 알고 보면 보잘것없는 사람이지요.

성실 그럴까요. 꽤 훌륭한 사람으로 보이던데요.

그리스도인 그를 알지 못하는 사람에게는 그렇게 보이지요. 멀리서 보기에는 그럴 싸하게 보이지만 가까이 대하면 대할수록 추잡한 사람입니다. 그가 훌륭하다고 말씀하시니까 생각이 나는데, 어떤 그림을 보았을 때 멀리서 보면 아주 멋진 그림으로 보이지만 가까이 가서 보면 형편없는 그림으로 보이는 것과 같지요.

성실 웃으면서 말씀하시니 농담처럼 들리는데요.

그리스도인 천만에요, 비록 미소를 짓기는 했지만 이런 문제에 대해서 농담을 해서는 안 된다는 것을 하나님께서 명하고 계십니다. 더구나 근거 없이 남을 비방한다면 하나님께서 용서치 않을 것입니다. 저 사람에 대해서 좀더 자세하게 알려 드리지요. 그 사람은 언제 어디서나 어떤 사람이든지 붙들어 놓고는 무엇에 관한 이야기든지 이것저것 마구 지껄여대는 사람입니다. 술좌석에 앉아서도 아무나 붙들고 이야기를 하는데 술이 많이 들어갈수록 더 말이 많아지지요. 실제로는 종교라는 것이 그의 마음 안에도, 집에도, 대화 중에도, 일상 생활 가운데에도 존재하지 않습니다. 그는 단지 혀끝으로만 이야기할 따름이며 그의 종교관은 결국 횡설수설 떠벌리는 것에 지나지 않습니다.

성실 정말입니까? 내가 단단히 속았군요.

그리스도인 그렇지요. 속으신 것입니다. '저희는 말만 하고 행치 아니 하도다'(마 23: 3)라는 말씀을 명심하십시오. '하나님의 나라는 말에 있지 아니하고 그 능력에 있음이라'(고전 4:20)는 말씀도 잘 새겨 두세요. 그 사람은 기도와 회개, 신앙과 거듭남 등에 관하여 말하고 있지만 사실상 말로만 그칠 뿐입니다. 나는 그의 집을 방문한 적도 있었고 고향에서나 타향에서나 그를 계속 관찰해 왔으므로 그에 대해서 내가 하는 말은 어디까지나 사실입니다. 그의 가정은 계란 흰자위가 맛이 없듯이 종교의 참 맛을 모르는 가정입니다. 그의 집에서는 기도나 회개의 징조가 전혀 보이지 않으며 차라리 그의 가축들이 그보다 더 하나님을 잘 섬긴다고 보아야 할 것입니다. 저 사람이야말로 그를 아는 모든 사람들에

게 종교를 더럽히
고 욕되게 하고 수
치스럽게 만드는
존재입니다. 그가
살고 있는 동네의
어디를 가나 그를
좋게 말하는 사람
을 볼 수 없고 그로
인하여 종교 자체
도 비난을 받고 있
지요. 그를 아는 모
든 사람들은 그를
'타향에서는 성자
요, 고향에서는 악
마'라고 한답니다.

그의 불쌍한 하인들이나 가족들이 표리가 다른 그의 언행으로 인
하여 고초를 겪고 있지요. 지독한 구두쇠인 데다가 욕을 마구 퍼
부으면서 하인들에게 부당한 대우를 하기 때문에 그에게 어떻게
해야 할지 어떻게 말해야 할지 몰라서 늘 전전긍긍하고 있답니
다. 저 사람과 거래를 해 본 사람들은 그와 거래하기보다는 차라
리 잔인하고 포악하다는 사람들과 거래하는 것이 훨씬 낫겠다고
말한답니다. 저 수다쟁이는 할 수만 있으면 남들 위에 올라서서
부정하게 속이고 횡령하기가 일쑤이고 협잡으로 그들을 인도하
여 괴롭히기도 한답니다. 그뿐만 아니라 그의 아들들조차 자신의
행적을 따르도록 가르치고 있는데 만일 자식들 중 어느 하나라도
약한 담력을 소유한 바보라고 판단되면(온유하고 선량한 양심의 소유

자를 그는 바보스런 약자라고 부르지요.) 바보니 멍청이니 하고 모욕을 주면서 결코 그들에게 일을 맡기지도 않고 남 앞에서 칭찬해 주는 일도 절대로 없답니다. 그의 추악한 일상 생활로 인해 많은 사람들이 거꾸러지고 구렁텅이에 빠졌으며 만일 하나님께서 막지 아니하시면 더 많은 사람들이 파멸에 이르게 될 것으로 여겨집니다.

성실 형제여, 당신의 말을 믿지 않을 수 없습니다. 당신이 그를 잘 알고 있다고 했기 때문이 아니라 당신은 그리스도인다운 양심으로 사람들을 정직하게 평하기 때문입니다. 당신이 악의를 가지고 그런 말을 했다고는 생각할 수 없습니다.

그리스도인 나도 당신처럼 그를 잘 알지 못했더라면 처음에 당신이 그에게 경탄했듯이 아마 나도 그렇게 생각했을 것입니다. 종교를 배척하는 무리들의 입으로부터 이런 말을 들었더라면 나는 그것을 악의에 찬 비방으로 여겼을 테지요. 악한 사람들의 입에서 선한 사람들의 명성이나 기업을 혹평하는 일이 흔히 있으니까요. 하지만 내가 직접 알고 있는 이러한 모든 악한 행위들만 가지고도 그가 얼마나 사악한 자라는 것을 증명할 수 있습니다. 선한 사람들은 그를 부끄럽게 여기고 있어 형제나 친구라고 부르지 않는답니다. 그를 알고 있는 사람들은 그의 이름만 들어도 얼굴을 붉히며 수치로 여기고 있지요.

성실 아, 이제 말과 실제 행동은 별개의 문제임을 깨닫게 되었습니다. 이제부터 이러한 구별을 좀더 명확히 할 수 있도록 한층 주의를 기울이겠습니다.

그리스도인 참으로 말과 행동은 영혼과 육체가 서로 다르듯이 별개의 것들이지요. 영혼이 없는 육신은 죽은 시체인 것과 마찬가지로 행동이 따르지 않는 말도 역시 죽어 있는 시체에 불과한 것

이니까요. 종교의 정신은 곧 실행하는 데에 있으니 '하나님 아버지 앞에서 정결하고 더러움이 없는 경건은 곧 고아와 과부를 그 환난 중에 돌아보시고 자기를 지켜 세속에 물들지 아니하는 이것이니라'(약 1:27)라고 성경에 씌어 있지요. 그러나 수다쟁이는 이것을 깨닫지 못하고 단지 듣고 말하는 것만으로도 진실한 기독교인이 될 수 있다고 생각함으로써 자기 자신의 영혼을 속이고 있는 것입니다. 듣는 것은 단지 씨를 뿌리는 작업에 불과하고, 말하는 것은 그의 마음과 생활 속에 실제로 참된 열매가 열렸다는 것을 증명하기에는 불충분한 것입니다. 최후의 심판 날이 이르렀을 때 사람들은 제각기 그들이 거둔 열매의 성과에 따라 심판 받게 된다는 것을 우리는 명심해야 합니다. 그 날에 이르러 심판자께서는 '너는 믿었느냐?' 하고 묻지 아니하시고 '너는 진실로 행했느냐? 혹은 말만 하고 다녔느냐?' 하고 물으실 것이며 그 행함의 여부에 따라서 심판을 내리실 것입니다. 이 세상 최후의 날은 추수하는 날로 비유될 수 있으니 당신도 알다시피 추수할 때 농

부가 관심을 두는 것은 열매 이외에는 없습니다. 믿음에 의하지 아니한 것도 받아들여질 수 있다는 뜻이 아니고 심판 날에 이르러 저 수다쟁이의 허황한 거짓말이 얼마나 쓸모 없는 헛된 것임을 알려 주기 위해 이러한 비유를 말하는 것입니다.

성실 당신의 말씀을 들으니 모세가 깨끗한 짐승에 대하여 설명했던 것이 생각나는군요. 깨끗한 짐승이란 굽이 갈라져 쪽발이 되고 되새김질하는 것을 일컬음이요, 굽만 갈라졌거나 새김질만 하는 짐승을 말하는 것이 아니라던 말씀 말입니다(레 11: 36, 신 14:7). 토끼는 되새김질은 하나 굽이 갈라져 있지 않으므로 깨끗지 않다고 말씀하셨는데 이는 수다쟁이와 너무나 유사한 비유입

니다. 그는 세상적인 지식을 이용하여 말만으로 되새김질을 하지만, 행위에 있어서는 죄인의 길에서 떠나지 못하므로 개나 곰의 발처럼 굽이 갈라지지 않은 부정한 놈이라 해야 할 것입니다.

그리스도인 당신이 말씀하시는 것을 들으니 잘은 모르지만 성경 말씀의 참된 뜻을 이해

할 것 같군요. 사도 바울은 말하기를 좋아하는 사람들을 가리켜 '소리나는 구리와 울리는 꽹과리와 같다'(고전 13:1~3)고 하셨고, 다른 부분에서 이 말을 좀더 쉽게 설명하여 '생명 없는 것이 소리를 내는 것과 같았습니다'(고전 14:7)고 말했지요. 생명이 없는 것들, 즉 진실한 신앙과 복음의 은총을 받지 못한 사람들은 비록 그들의 혀가 천사의 목소리로 많은 것을 이야기할지라도 생명의 자손들 틈에 끼어서 천국에서 함께 살 수 없는 것입니다.

성실 알았습니다. 처음부터 저 사람과 동행하는 것을 그다지 달갑게 생각하지는 않았지만 이제는 아주 싫어지는군요. 어떻게 하면 저 사람을 떼어버릴 수 있을까요?

그리스도인 제가 시키는 대로 하십시오. 그렇게 하면 하나님께서 그의 마음을 감동시켜 마음을 돌리게 하지 않는 한 그도 역시 당신과 동행하는 것을 원치 않게 될 것입니다.

성실 어떻게 했으면 좋겠습니까?

그리스도인 그에게로 가서 종교의 능력에 대하여 진지한 토론을 시작해 보십시오. 그는 틀림없이 좋아할 것입니다. 그때 참된 종교의 능력이 그의 마음과 가정과 대화 속에 분명히 들어 있는지를 확인해 보시지요.

성실 (수다쟁이에게로 가까이 다가가서) 오랫동안 실례했습니다. 지금 기분은 어떻습니까?

수다쟁이 고맙습니다. 지금까지 이야기를 계속했더라면 꽤 많은 이야기를 나누었을 텐데 중단하게 되어 아쉽습니다.

성실 좋으시다면 다시 이야기를 시작하십시다. 무엇에 대해 이야기할지 화제는 저에게 맡긴다고 하셨으니까 이런 것을 얘기했으면 합니다. 하나님의 구원의 은총이 사람의 마음속에 들어갔을 때 어떻게 변화가 나타날까요?

수다쟁이 사물의 능력에 대해서 이야기해 보자는 말씀이군요. 아주 좋은 화제를 택하셨습니다. 기꺼이 대답해 드리지요. 간단하게 요점만 말씀드리자면 우선 하나님의 은총이 가슴에 충만하게 되면 죄에 대한 반발의 소리가 크게 일어날 것이고, 둘째로…….

성실 잠깐, 우선 한 가지에 대해서만 생각해 보기로 합시다. 제 생각에는 죄에 대한 반발의 소리라기보다는 영혼으로 하여금 죄를 혐오하게끔 만들어 줌으로써 하나님의 은총이 나타나리라고 봅니다.

수다쟁이 죄에 반발하는 소리와 죄를 혐오하는 생각 사이에 무슨 차이가 있단 말씀입니까?

성실 큰 차이가 있지요. 사람은 단지 전략상 죄를 비난하는 소리를 할 수 있지만 진실로 죄 그 자체를 미워하려면 죄악을 대적하는 경건한 반감에 의하지 아니하고는 할 수 없는 것입니다. 많은 사람들이 강단에서는 죄를 비난하여 크게 외치지만, 실제로 그들

의 마음이나 가정에서나 행동에서는 그 발언대로 잘 지키지 않는
사람들을 많이 보았지요. 요셉의 안주인은 마치 자신이 정숙하고
경건한 것처럼 큰소리로 외쳤지만 요셉과 더불어 부정한 짓을 행
하려 들었습니다(창 39: 15). 마치 어떤 어머니가 무릎에 앉힌
아이를 향해 못된 아이니 버릇없는 녀석이라고 막 비난하다가도
어느새 아이를 껴 앉고 입맞추는 것과 같습니다.

수다쟁이 당신은 억지로 남의 흠을 찾아내려고 애쓰시는군요.

성실 결코 그렇지 않아요. 저는 단지 현상을 옳게 판단하고자 할
뿐입니다. 자 그럼, 마음속에 나타나는 은혜의 작용의 두 번째는
뭐라고 생각하십니까?

수다쟁이 복음의 신비에 대한 많은 지식의 획득이지요.

성실 그것이 은혜가 나타나는 첫 번째 표지가 되었어야 할 텐데,
그러나 첫째 표지이건 마지막 표지이건 그것 역시 헛된 것입니
다. 왜냐하면 복음의 신비에 대하여 아무리 많은 지식을 획득한
다 할지라도 지식 그 자체만으로는 영혼에 작용하는 은총의 혜택
이 될 수 없으니까요. 사람이 모든 지식을 소유하고 있다 할지라
도 그는 결국 허무한 존재이고 결과적으로 지식만으로는 하나님
의 자녀가 될 수 없습니다. 그리스도께서 제자들에게 '너희는 내
가 너희에게 행한 이 모든 것을 아느냐?' 하고 물으셨을 때 제자
들이 '네' 하고 대답하자 예수께서는 덧붙여 말씀하시길 '너희가
이것을 알고 그대로 행하면 복이 있으리라'(요 13:12,17)고 하셨습
니다. 즉 예수께서는 진리를 아는 데에 축복을 내리신 것이 아니
라 그것을 실천하는 데에 축복을 두셨습니다. '주인의 뜻은 알면
서도 주인의 뜻대로 행하지 않는 종'(눅 12:47)이 있듯이 행함이
뒤따르지 않는 지식도 많이 있기 때문입니다. 천사처럼 많은 것
을 알고 있으면서도 참된 크리스천이 되지 못하는 사람이 많으니

당신의 말씀하시는 표지는 옳지 않은 것 같습니다. 사실 안다는
것은 말하기 좋아하고 허풍떨기 좋아하는 사람들을 만족시킬 뿐
이고 하나님을 기쁘게 하는 일은 아는 대로 행함에 있는 것입니
다. 그렇다고 해서 참된 지식이 없는 마음도 얼마든지 좋다는 이
야기는 아닙니다. 지식이 없는 마음은 공허하기 때문에 지식은
물론 필요한 것이지요. 그런데 지식이 없는 여러 가지가 있습니
다. 단순히 사색으로만 만족하는 지식도 있고 신앙 및 사랑의 은
총과 함께 동반하는 지식도 있지요. 전자는 말만 하기를 좋아하
는 사람들이 흔히 과시하는 지식이고, 후자는 사람의 마음을 움
직여 진실로 하나님의 뜻에 맞는 행동을 하도록 이끌어 주는 지
식입니다. 그러므로 진정한 크리스천이라면 후자의 지식을 소유
하지 못하고는 참 만족을 얻을 수 없을 것입니다. '나로 깨닫게
하소서. 내가 주의 법을 준행하며 진심으로 지키리이다.'(시
119:34)

수다쟁이 당신은 또다시 내 흠만 잡으려 드는군요. 그런 말은 덕
이 되지 못합니다.

성실 만일 좋으시다면 은총의 작용이 나타나는 증거를 또 하나
말씀해 주십시오.

수다쟁이 그만두겠습니다. 우리 둘의 의견이 서로 일치되지 않을
것이 뻔하니까요.

성실 만일 당신이 말하기를 원치 않으신다면, 제가 의견을 제시
해도 괜찮겠습니까?

수다쟁이 좋을 대로하시구려.

성실 마음속에 은혜의 작용이 나타나는 사람은 그 자신은 물론
옆에 있는 사람들에게까지 영향을 미치지요. 은총을 친히 소유한
사람에게는 다음과 같은 효과가 나타납니다. 즉, 은혜의 작용으

로 인하여 자신의 죄의식을 절실히 깨닫게 되고 특히 본성의 타락함과 불 신앙의 죄를 인식하게 되지요. 즉 은혜의 덕택으로 그가 만일 예수 그리스도를 믿어 하나님의 자비를 얻지 못하면 그는 정죄 받게 되리라는 것을 깨닫게 해 주는 것입니다(요 16:8,9, 롬 7:24, 막 16:16). 이와 같은 방향으로 사물을 보고 느낌으로써 그는 죄에 대한 슬픔과 부끄러움을 인식하게 될 뿐만 아니라, 세상의 구주께서 그의 마음속에 나타나면서 평생 동안 그가 구주 가까이 살아가야 할 절대적인 필요성을 느끼게 되며 동시에 하나님의 언약이 이루어질 것을 목마름과 갈급함으로 추구하고 또 기다리게 되는 것입니다(시 38:18, 렘 31:19, 갈 2:16, 행 4:12, 마 5:6, 계 21:6). 이처럼 구주를 믿는 믿음의 강하고 약한 정도에 따라 그의 기쁨과 평화, 경건한 것을 사모하는 마음, 구주를 좀 더 알고자 하는 소망의 정도가 좌우되며 이 세상에서 주님께 봉사하고자

하는 열성이 좌우되는 것입니다. 그러나 마음에 은총을 간직하고 있는 사람이 자신의 말과 행동에 변화가 일어나는 것을 발견하기는 하면서도 그러한 변화를 가져오는 원인이 곧 은총에 의한 것임을 스스로 깨닫고 인식하는 경우는 극히 드뭅니다. 왜냐하면 그는 지금 부패된 상황 속에 처해 있고 이성의 잘못된 남용으로 인하여 그의 마음은 이러한 사실에 대해 그릇된 판단을 내리게 되기 때문입니다. 그러므로 이러한 변화가 은총에 의한 것임을 확고하게 인식하기 위해서는 먼저 건전한 판단력이 요구되는 것입니다. 다음으로 옆에 있는 사람들에게 나타나는 은총의 효과는 이렇습니다. 첫째, 그리스도에 대한 신앙을 체험적으로 고백함으로써(롬 10:10, 빌 1:27). 둘째, 그러한 고백에 실제로 일치하는 삶을 영위하는 것, 즉 경건한 생활, 경건한 마음, 경건한 가정(만일 그가 가정을 가지고 있다면), 경건한 일상 생활의 대화 등을 통하여 자신의 모든 것을 경건하고 깨끗하게 하면 대개는 자신도 모르는 사이에 죄를 미워하게 되며, 가정 내에서도 이러한 죄에 대한 혐오감 때문에 죄를 멀리하게 되고 마침내 온 세상에 경건함을 증진시키되 위선자나 지껄이기 좋아하는 사람들처럼 단지 입으로만 하는 것이 아니라 하나님의 말씀이 지닌 능력에 의지하여 믿음과 사랑으로 순종하고 실천함으로써 이루어지는 것이지요(요 14:15, 시 50:23, 겔 20:43, 마 5:8, 롬 10:9~10, 빌 3:17,20). 자, 이제껏 제가 은혜의 작용과 그 나타나는 효과에 대하여 간략하게 설명하였는데 혹시 이의가 있으시면 말씀해 주십시오. 없으시다면 당신께 두 번째 질문을 하고 싶습니다만.

수다쟁이 지금 난 반대할 입장이 아니라 단지 듣기만 하는 입장에 처해 있으니 두 번째 질문이나 계속해 보십시오.

성실 두 번째 질문은 이렇습니다. 은혜의 작용에 대해 내 설명 중에 첫 번째 것을 당신도 경험해 본 적이 있으십니까? 당신의 생활과 당신의 하는 말은 서로 잘 부합되고 있습니까? 혹시 당신의 종교는 행위와 진실 안에 서 있기보다는 말과 혀끝에만 존재하지는 않습니까? 제발 이 질문에 대해 당신이 내게 대답하시고자 할 때에는 하늘에 계신 하나님께서 아멘 하고 인정해 주시리라 믿는 것만 말해 주시고, 당신의 양심이 안에서 당신을 시인하는 것 이외에는 말하지 말아 주십시오. '옳다 인정함을 받는 자는 자기를 칭찬하는 자가 아니요 오직 주께서 칭찬하시는 자니라'(고후 10:18). 뿐만 아니라 당신의 이웃들이 당신은 거짓말을 하고 있다고 증명해 주는데 당신 혼자서만 이렇다 저렇다고 하는 것도 크나큰 죄악이니까요.

수다쟁이(이 말을 듣고 처음에는 얼굴을 붉혔다가 곧 마음을 강퍅하게 고쳐 먹고서) 성실 씨, 당신은 지금 경험이니 양심이니 하나님이니 하는 말들을 늘어놓으면서 당신이 한 말의 정당성을 하나님께 호소하고 있군요. 나는 이런 식으로 대화를 이끌어 나가리라곤 기대하지 않았고 당신이 말한 그 따위 질문들에 대해서 지금 대답할 기분이 전혀 나지 않습니다. 당신이 교리문답을 하는 사람이 아닌 이상 내가 당신 질문에 꼭 대답해야 할 의무도 없고 설령 당신이 그렇게 하신다 해도 나는 당신이 내 심판관이 되는 것을 거부하는 바입니다. 당신이 어째서 그런 질문을 내게 하는지 그 이유를 좀 말해 주셨으면 합니다.

성실 내 눈에 당신이 말하기만을 앞세우는 것처럼 보이는 데다 당신이 일반 상식 이외에 얼마나 더 많이 하나님에 대해 알고 있는지를 모르기 때문입니다. 그뿐만 아니라 솔직히 말씀드린다면 당신의 종교는 단지 혀끝에서만 맴돌 뿐이고 말과 행동이 서로 일치하지 않는다는 소문을 여러 번 들었습니다. 그들의 말에 의

하면 당신은 그리
스도인들 가운데
하나의 오점으로
서 당신의 경건치
못한 행동으로 인
하여 종교가 더 나
쁜 인식을 받게 되
고, 당신의 사악한
속임수에 넘어간
사람이 벌써 여럿
이며 앞으로도 그
로 인하여 멸망의
위기에 처한 사람

들이 더 많아질 것이라고 하더군요. 당신의 종교는 술 취함, 탐
욕, 맹세, 거짓말, 종교 등 온갖 좋지 못한 것들과 함께 결합되어
있습니다. 한 명의 창녀가 여성들 전체에게 수치가 된다는 속담
이 있듯이 당신은 모든 성도들의 수치가 된다는 평판이더군요.

수다쟁이 당신은 말하기 좋아하는 세상 사람들의 중상모략을 있
는 그대로 받아들여 그처럼 경솔하게 사람을 판단하는 것으로 보
아 나와 이야기할 자격이 없는 사람 같군요. 그러니 이만 헤어집
시다. 잘 가시오.

그때 그리스도인은 성실에게로 다가와서 말을 꺼냈다.

그리스도인 그 사람과의 대화가 결국 내가 말씀드린 대로 되었지
요. 당신의 말과 그의 정욕이 서로 일치할 수 없으니까요. 그는
자신의 생활을 개선하는 것보다는 차라리 당신과 동행하기를 거
부하고 그냥 떠나 버렸습니다. 내가 이미 말했듯이 그는 떠났으

니 그냥 내버려두십시오. 손해 보는 것은 결국 그 사람 자신이니까. 기분이 크게 상하지 않는 한 아마도 그는 계속 이야기를 하려 들었을 텐데 스스로 떠나가 버렸으니 우리는 괴로움을 면하게 된 셈입니다. 그와 계속 동행했더라면 오점만 남겨 주었을 겁니다. 또 한 사도도 말하기를 '경건의 모양은 있으나 경건의 능력은 부인하는 자니 이 같은 자들에게서 돌아서라'(딤후 3:5)고 하였지요.

성실 하지만 저는 그 사람과 잠시 이야기를 나누게 된 것이 잘됐다고 생각합니다. 내가 그에게 한 말을 그가 다시 생각할 기회가 있을지도 모르니까요. 저는 그 사람에게 명백하게 이야기해 주었으니까 설사 그자가 멸망합니다 하더라도 제게는 책임이 없습니다.

그리스도인 그처럼 명백하게 그의 잘못된 종교관을 지적하고 참된 진리를 말씀해 주신 일은 참 잘하신 일입니다. 요즘에는 당신처럼 성실하게 신의로써 사람들을 대하는 사람이 매우 적기 때문에 종교가 많은 사람들에게 좋지 못한 인상을 주게 되는 거지요. 즉 말하기 좋아하는 바보들이 말로만 종교를 믿으면서 경건한 신자들 사이로 돌아다니며 타락하고 허영에 찬 말들을 지껄임으로써 세상을 놀라게 하고 기독교를 더럽히며 신실한 자들을 슬프게 만드는 것입니다. 만일 앞세우는 사람들을 다룰 때는 모든 사람들이 당신처럼 명백하고 신실하게 다루어 주었으면 좋겠어요. 그렇게 하면 말보다는 실천함으로써 하나님을 믿게 되거나 아니면 경건한 성도들과 사귀는 것이 너무 부담스러워 떠나 버리거나 양자택일을 하게 될 것입니다.

그러자 성실이 다음과 같은 노래를 불렀습니다.

처음엔 날개 펼쳐 뽐내던 수다쟁이!
얼마나 달콤했던가
만민을 능변으로
굴복시킬
듯 도도하던
수다쟁이!
성실이 진실을
말하자
보름달
이지러지듯
그의 기세
기울어
떠나 버렸네
심령 역사 아는 자
외엔
모두가
떠나리라

이렇게 해서 그들은 계속 함께 길을 걸어가면서 오던 도중에 보고 겪은 이야기를 서로 나누며 무료함을 달랬습니다. 그렇지 않았더라면 광야를 지나가고 있었기 때문에 무척이나 지루하고 피곤했을 것입니다.

광야를 거의 다 벗어날 무렵 성실이 우연히 뒤를 돌아다보았을 때 그가 알고 있는 사람 하나가 그들을 뒤따라오는 것을 알게 되었습니다. 성실은 그리스도인에게 말했습니다.

성실 형제여, 저기 오시는 분이 누구라고 생각하십니까?

그리스도인은 유심히 뒤를 바라보고 나서 말했습니다.

그리스도인 저분은 나의 좋은 친구이신 전도자라는 분입니다.

성실 그렇지요. 저 분은 제게도 좋은 친구이십니다. 저더러 좁은 문으로 가라고 일러주신 분이 바로 저 분이니까요.

하고 성실도 기쁜 얼굴로 맞장구를 쳤습니다. 그때 이들에게 다가온 전도자가 인사를 했습니다.

전도자 사랑하는 두 분 안녕하십니까? 당신들을 도와준 분들도 모두 평안하시기를.

그리스도인 어서 오십시오, 전도자님! 진심으로 환영합니다. 당신의 얼굴을 다시 뵙게 되니 저의 영원한 생명과 복락을 위하여 도와 주셨던 일이 생각납니다.

성실 잘 오셨습니다. 고마우신 전도자님, 당신이 이처럼 동행해 주시는 것이 저희 같은 순례자들에게는 얼마나 고맙고 힘이 되는 일인지요!

전도자 친구분들, 우리가 작별한 뒤로 두 분께서는 어떻게 지내셨습니까? 도중에 어떤 일들을 만났으며 그 일들을 어떻게 처리하셨습니까?"

그러자 성실과 그리스도인은 전도자에게 도중에 있었던 모든 일들을 이야기해 주고 그 모든 어려움을 어떻게 극복하여 이곳까지 이르게 되었는지를 상세히 들려주었습니다.

전도자 당신들이 그 시련을 극복하고 승리자가 되었으니 반갑고 기쁘군요. 여러 약점들을 가지고 있음에도 불구하고 이 길을 오늘에 이르기까지 오셨으니 기쁩니다. 정말 나를 위해서나 당신들을 위해서 매우 기쁜 일입니다. 나는 씨를 뿌렸고 당신들을 거두었으니 머지않아 때가 이르면 씨 뿌린 자와 거둔 자가 다같이 기뻐할 날이 올 것입니다. '피곤하지 아니하면 때가 이르매 거두리라'(갈 6:9, 요 4:36) 하신 말씀처럼 당신들이 인내로 끝까지 견디면 머지않아 반드시 거둘 때가 올 것입니다. 면류관은 바로 당신들 앞에 있고 영원히 썩지 아니하는 것이니 '너희도 얻도록 이와 같이 달음질하라'(고전 9: 24)는 말씀처럼 면류관을 얻기 위하여 계속 달려나가십시오. 이 면류관을 얻으려고 길을 떠나 꽤 멀리까지 간 사람들이 많이 있었지만 갑자기 딴 사람이 중간에 끼여들어 그들로부터 면류관을 빼앗아 가는 일도 종종 있습니다. 그러니 면류관을 남에게 빼앗기지 않도록 굳세게 견디어 내고 단단히 붙들어야 합니다(계 3:11). 당신들은 아직도 마귀의 세력권에 완전히 벗어나지 못했으니 죄에 대항하여 싸우기는 했으나 피투성이가 되어 죽을 정도로 무시무시한 경험은 별로 하지 못한 셈입니다(히 12:4). 그러니 보이지 아니하는 것을 보이는 것처럼 확고하게 믿고 굳건히 나아가야 합니다. 이 세상의 속된 것들에 마음을 두어 쓸데없는 동요가 일어나지 않도록 노력해야 하며, 무엇보다도 여러분들 자신의 영혼과 마음을 보살펴 육신의 정욕에 사로잡히지 않도록 주의해야 합니다. 왜냐하면 '만물보다 거짓되고 심히 부패한 것은 마음이라'(렘 17:9)는 말씀처럼 마음에서 우러나오는 정욕은 이 세상의 그 어느 것보다도 거짓되고 사악한 것입니다. 얼굴을 부싯돌같이 굳게 하십시오(사 50:7). 하늘과 땅의 모든 권세가 여러분들 편에 서 있으니까요."

그리스도인은 나머지 나그네길의 도움이 될 수 있도록 좀더 이야기해 주기를 간청했습니다. 그들 두 사람은 전도자가 예언자이며, 앞으로 그들에게 일어날지 모를 여러 가지 일들과 그런 난관들을 극복할 수 있는 방법들까지 가르쳐 줄 수 있는 분임을 잘 알고 있었기 때문이었습니다. 성실도 또한 그리스도인의 요구에 동의하므로 전도자는 이를 수락하고 다음과 같이 이야기를 계속했습니다.

전도자 나의 형제들이여, 당신들은 복음에 기록된 참 말씀들 가운데에 당신들이 하나님 나라에 들어가기 위해서는 많은 환난을

겪어야 한다는 것
과(행 14:22), 어느
도시에 가나 결박
과 환난이 당신들
과 함께 거하리라
는 것(행 20:23),
또 그러한 이유 때
문에 여러 가지 어
려움을 당하지 아
니하고서는 순례
의 길을 계속할 수
없음을 잘 알고 있
습니다. 당신들은
이미 당신들에게
내려졌던 몇 가지
환난으로 미루어 보아 내 말이 진실임을 알 수 있을 것이며, 앞으
로도 더 많은 환난들이 당신들을 따라다닐 것입니다. 이제 당신
들이 보시는 바와 같이 광야는 거의 다 벗어 나왔으므로 머지않
아 하나의 소도시가 눈에 뜨일 것입니다. 그 도시에 들어서면 사
방에서 당신들을 죽이려드는 마귀들이 공격해 올 것인데 당신들
중의 한 사람이나 두 사람 모두가 피로써 당신들이 믿고 있는 하
늘의 복음을 증거해야 할 것입니다. 그러나 죽음을 무릅쓰고 믿
음을 지키려는 자에게 하나님께서는 생명의 면류관을 씌워 주실
것이며(계 2:10), 그 고통은 이루 형언할 수 없겠지만 죽은 자의
영은 살아서 여행을 계속하는 자의 영광보다 더욱 클 것입니다.
왜냐하면 그는 산 자보다 먼저 천국에 도착할 수 있을 뿐 아니라 살아 남아서 계속 길을 가는 도중에 만나게 될 여러 가지 고통들을 벗어날 수 있기 때문입니다. 그러나 이제 당신들이 그 도시에 들어서면 내가 여기서 말씀드린 일들이 이루어지는 것을 알게 될 터이니, 내가 한 말을 명심하고 남자답게 용감히 행할 것이며 당신들의 영혼을 신실하신 조물주 하나님께 의탁하시기 바랍니다."

27. 허 영

　나는 그들이 광야를 벗어나자마자 한 마을로 들어가는 것을 보았는데, 그 마을의 이름은 '허영'이었으며 마을에는 '허영의 시장'이 열리고 있었습니다. 이 시장은 연중 열리는 시장이었는데, 이 시장이 열리고 있는 마을 자체가 허영보다도 더 경박한 곳일 뿐만 아니라 사고 파는 물건이나 모여드는 사람들도 모두 허영에 가득 차 있었습니다.

　성경 말씀대로 "장래 일은 다 헛되도다."(전 11:8, 1:2~14, 2:11~17, 사 40:17) 하는 그대로였습니다. 그 시장은 요즘에 새로 열린 시장이 아니고 오래 전부터 존속해 오던 시장으로 기원을 설명하면 이렇습니다. 약 5천 년 전에도 지금처럼 정직하고 경건한 순례자들이 있었습니다.

　이것을 본 바알세불과 아폴리욘(계 9:11), 군대(Legion, 막 5:9) 등 세 악마와 그들의 동료가 순례자들이 천국을 향하여 가는 길에 이 허영의 도시를 지나간다는 사실을 알아채고 허영의 도시 안에다 온 갖 종류의 허영을 사고 파는 시장을 세워 놓고 연중 무휴 장을 열기로 했습니다.

그리하여 이 시장에서는 집 · 토지 · 명당자리 · 무역물자 · 직위 · 명예 · 승진 · 귀족 칭호 · 국가 · 왕국 · 욕정

·향락 등이 거래되
고 또한 모든 종류의
쾌락을 위하여 매춘
부·포주·아내·남
편·아이·주인·하
인·생명·피·육체
·영혼·은·금·진
주를 비롯한 각종 보
석 등 없는 것이 없
었습니다. 게다가 이
시장에는 언제나 요
술사·사기꾼·도박
꾼·바보·악한·장
난꾼들 등 온갖 종류
의 쾌락과 악에 젖은
사람들이 술렁거리고
있었습니다. 또한 도
둑질·살인·간통·
거짓 맹세·피 흘림

등 무시무시한 것들을 언제든지 구경할 수 있었습니다. 그리고 임시로 열리
는 다른 장터들처럼 이 시장에도 같은 종류의 물건들이 팔리는 몇 가지 특별
한 구역과 거리로 분류되어 제각기 특유한 이름의 광장·거리·골목(예를 들
면 나라나 왕국 따위)들이 늘어서 있었으므로 이런 곳으로 가면 자신이 원하
는 것들을 발견할 수 있었습니다. 그곳에는 영국 거리, 프랑스 거리, 이태리
거리, 스페인 거리, 독일 거리 등이 자리잡고 있어 제각기 그 나라 특유의 많
은 사치품들과 허영을 살 수 있었습니다.

대개 모든 시장에는 뭔가 한두 가지 특수 상품이 있듯이 이 시장에도 로마
의 허영과 상품들이 크게 진출하여 대단한 인기를 차지하고 있었습니다. 다
만 영국인들과 그밖에 몇몇이 로마 제품에 대한 혐오감을 가지고 있었습니
다. 앞서 말한 것처럼 천국으로 가는 이들은 허영의 상품으로 가득 찬 이 도
시를 반드시 통과하게 되어 있었으므로 천국을 향하여 가는 사람이 이 거리
를 거쳐가지 않으려 할 때는 세상 밖으로 나가는 수밖에 없었습니다(고전

5:10). 만왕의 왕이신 예수께서도 자신의 나라인 천국으로 가실 때 이 도시를 지나가셨는데 때마침 장이 성대하게 열리고 있었습니다.

내가 생각건대 이 도시의 주인인 바알세불은 예수를 유혹하여 온갖 허영을 사도록 권고하였고 만일 예수께서 이 거리를 지나가시면서 그 마귀의 권고를 따랐더라면 마귀는 그를 허영의 거리의 주인으로 삼았을 것입니다(마 4:8~9, 눅 4:5~8). 예수께서는 존경받으실 만한 귀한 분이었으므로 바알세불은 예수를 이 거리 저 거리로 모시고 다니며 잠깐 동안에 이 세상의 모든 왕국들을 보여 주면서 어떻게 하면 이 축복 받은 사람을 유혹하여 시장에 널려 있는 허영을 사게 할 것인가를 골똘히 생각했습니다.

그러나 예수께서는 이러한 온갖 상품들에 전혀 마음을 두지 않으시고 허영에 대해서는 한푼의 돈도 허비하지 않으신 채 그 도시를 떠나 가셨습니다. 이 허영의 시장은 아주 오래 전에 세워진 것으로 오랜 기간 변함 없이 유지되어 온 매우 거대한 시장이었습니다.

이들 두 순례자도 이 도시를 반드시 통과해야만 하기 때문에 시내로 발을 들여놓았습니다. 그러나 어찌된 일인지 그들이 들어서자마자 시장 사람들이 여기저기서 웅성거리기 시작하더니 도시 전체가 두 순례자에 대하여 이러쿵저러쿵 떠들어대는 것이었습니다. 그렇게 야단법석이 일어나게 된 데에는 몇 가지 이유가 있었습니다. 그것은 순례자들이 입고 있는 의복이 시장에서 거래되고 있는 옷들이나 이곳 사람들이 입고 있는 옷과는 전혀 달랐기 때문이었습니다. 시장에 모인 사람들은 이상한 눈초리로 두 사람을 훑어보면서 더러는 그들을 바보, 미친놈이라고 하는가 하면 이방인들이라면서 욕을 하고 놀려대는 것이었습니다(고전 2:7~8).

둘째로, 그곳에 모인 사람들은 두 순례자의 의복뿐만 아니라 말까지도 이상하게 여기는 것이었습니다. 그들은 당연히 모국어인 가나안 말을 썼기 때문에 이 시장에서 그들이 말하는 것을 이해할 수 있는 사람은 거의 없었습니다. 시장의 주민들은 세상 사람들이었으므로 순례자들이 시장의 이쪽 끝에서 저쪽 끝에 이르기까지 그들은 마치 야만인들처럼 보이는 것이었습니다.

셋째로, 시장의 상인들이 두 순례자를 불쾌하게 여긴 까닭은 이들이 시장에 쌓인 온갖 허영의 물건들을 무시하고 전혀 거들떠보지 않았기 때문이었습니다. 상인들이 좀 물건을 팔아달라고 그들을 부르기라도 하면 순례자들은 두 손으로 귀를 틀어막고 "내 눈을 돌이켜 허망한 것을 보지 말게 하소서(시 119:37, 빌 3:19, 20)라고 부르짖으며 그들의 모든 거래와 매매는 모두 하늘나라에 있다는 표시를 하면서 하늘을 우러러보는 것이었습니다. 두 순례자의 거동을 바

라보며 비웃고 있던 한 상인이 "무엇을 사시겠습니까?" 하고 그들에게 말을

걸자, 그들은 정
색을 하고 상인을
바라보면서 "우리
는 진리를 구하고
있 습 니 다"(잠
23:23)라고 대답
했습니다.
이 대답으로 인하
여 그들은 더욱
비웃음을 사게 되
었으므로 어떤 사
람들은 그들을 놀
리며 시비를 걸기
도 하고 어떤 사
람들은 거친 욕을
하면서 때려눕히
자고 선동하기도
했습니다.   마침
내 일이 점점 커져서 시장 전체가 요란스럽게 들끓고 큰 혼란과 소동이 벌어
지고 말았습니다.

마침내 이 소식이 시장의 주인에게 알려지자 그는 곧장 믿을 만한 친구들
에게 위임하여 어떻게 이 두 나그네가 시장 전체를 소란하게 만들었는지 조
사를 받도록 했습니다. 그리하여 두 순례자는 심문을 받기 위해서 재판정으
로 끌려갔고, 그들 앞에 앉은 몇몇 조사관들은 그들이 어디에서 와서 어디로
가는 길이며 이상스런 의복을 입은 채 시장에서 어떤 일을 했는지 캐묻기 시
작했습니다.

순례자들은 조사관들에게 자기들은 멸망의 도시를 떠나 그들의 영원한 본
향인 하늘의 예루살렘을 향하여 가는 순례자들인데(히 11:13~16) 이 세상에
서는 낯선 이방인으로서 이 도시에 들어온 이후 주민들에게나 시장의 상인들
에게 어떤 나쁜 짓도 하지 않았노라고 대답했습니다. 다만 혹시 상인들을 불
쾌하게 한 일이 있다면 어떤 사람이 무엇을 사겠느냐고 물었을 때 단지 진리
만을 구하노라고 대답한 일밖에 없으니 여행을 계속할 수 있게 해달라고 간

청했습니다. 그
러나 이들을 재
판하도록 임명을
받은 조사관은
그들의 말을 믿
지 않고 정신병
자들이 아니고서
야 시장의 모든
질서를 깨뜨리고
주민들을 온통
혼란에 빠지게
할 리가 없다고
생각했습니다.
그리하여 조사관
들은 두 순례자
를 데려가 마구
때리고 온통 흙
투성이로 만든
후 철창에 가두
어 시장에 있는
모든 사람들에게
구경거리가 되게

하였습니다. 감옥에 갇힌 순례자들은 얼마 동안 이곳 사람들의 구경거리로서
온갖 놀림·경멸·분풀이·욕설의 대상이 되었으나 이 시장의 주인은 그들
이 겪는 온갖 수난을 보면서도 그냥 웃기만 하고 있었습니다. 그러나 참을성
많은 두 순례자는 온갖 경멸과 욕지거리를 욕으로 갚지 않고 오히려 복을 빌
어주고 거친 욕설을 선한 말로 대꾸해 주고 온갖 박해를 친절로 대했습니다.
그러자 시장 사람들 사려 깊고 편견이 적은 사람들은 스스로 상황을 살펴보
고는 순례자들에게 계속 박해를 가하는 행동은 오히려 더 비열한 행동이라고
비난하기 시작했습니다. 그러자 많은 사람들이 더욱 분개하여 그들을 보고
옥에 갇힌 자들과 공범자들일지도 모르니 그들도 똑같은 처벌을 받아야 한다
고 공격을 퍼부었습니다.

그러나 순례자들을 동정하는 사람들은 자신들이 보는 견해로는 두 사람의 언행이 점잖고 온건하여 어느 누구도 해칠 사람들이 아니라고 대꾸하면서, 오히려 이 장터에서 물건을 파는 상인들 중에는 지금 부당하게 형벌을 받고 있는 사람들보다 더 큰 벌을 받고 옥에 갇혀야 할 사람이 얼마든지 많다고 대답하였습니다.

이렇게 하여 (옥중에 있는 순례자들은 사람들 앞에서 매우 지혜롭고 침착하게 처신하고 있는 반면에) 시장 사람들은 자기네끼리 양편으로 갈라져서 서로 욕지거리를 하다가는 싸움이 벌어져 부상자까지 발생하는 소동이 일어났습니다. 그러자 불쌍한 순례자들은 다시 재판관들 앞에 끌려가서는 시장에서 지금 막 일어난 소동까지도 그들의 잘못이라는 판결을 받고 실컷 두들겨 맞고 나서 쇠사슬과 족쇄로 묶인 채 시장의 여기저기로 끌려 다녔습니다. 이것은 시장에 모인 주민들 중에서 이 두 순례자를 좋게 말하거나 이들의 편에 서는 사람들에게 공포심을 갖게 하기 위한 것이었습니다.

그러나 이토록 심한 고통 중에서도 두 순례자는 더욱 현명하고 신중하게 처신하여 그들에게 퍼부어지는 수치와 경멸을 온유함과 인내로 받아들였습니다. 그리하여 주민들 중에서는 비록 반대편과 비교해 볼 때 매우 적은 숫자이기는 하나 그들의 편에서는 사람들의 수효가 늘어가기 시작했습니다. 이러한 현상은 더욱더 시장 주인의 분노를 자아내어 마침내 그들은 이들 두 사

람을 죽여 없애야겠
다는 결론에 이르게
되었습니다. 그들은
감금이나 결박 정도
로는 시장 주민들을
모욕한 죄와 거리를
소란으로 몰아 넣은
난동을 처벌하기에
부족하니 사형시키
는 도리밖에 없다고
위협했습니다. 최종
적으로 명령이 내려
질 때까지 다시 감
옥에 가두라는 지시
가 내리자 그들은 감
방 안으로 끌려가 쇠
고랑을 차게 되었습
니다. 그들은 여기

에서 비로소 그들의 신실한 친구인 전도자가 그들에게 이야기해 준 것들을
다시 떠올렸습니다. 이제야 전도자가 장차 이 도시에서 그들에게 일어나리라
고 예언했던 것들이 치욕과 고통의 길 중에서 더 확실해지는 것을 깨달았습니
다. 이러한 고통이 다 정해진 뜻이라고 믿고 그들은 서로를 위로하면서 최
선을 다하라고 다짐하는 것이었습니다. 이들은 또한 앞으로 닥쳐올 더 큰 고
난이 누구의 운명이든 간에 그것이 곧 자신의 최고 행복이리라 여기면서 내
심으로는 제각기 자신이 그 운명에 선택되기를 바라고 있었습니다. 여하튼
모든 만물을 주재하시는 전지전능한 하나님께서 그들 자신을 맡긴 채 현재
처해 있는 상황에 큰 만족을 느끼면서 이곳 주인의 처분을 기다리고 있었습
니다.

이제 그들은 최후 판결을 받기 위해 다시 한번 재판관들 앞에 불려가 심문
을 받게 되었습니다. 마침내 때가 이르자 그들은 원수들 앞으로 끌려나가 심
판을 받게 되었는데, 재판장의 이름은 증선경(憎善卿, Lord Hate-good)이었
습니다. 고소장은 형식적으로는 다소 차이가 있었으나 내용은 다 같은 것이

었으며 다음과 같이 기록되어 있었습니다.

"이 피고인들은 고발자들의 원수인 동시에 그들이 경영하는 상업의 방해자들이다. 그들은 시장에 혼란을 일으키며 분열을 조장하여 고발자들의 왕이 제정한 법률을 경홀히 여기고 경멸하여 그들 멋대로의 가장 위험한 의견에 동조하는 당파를 만든 죄를 범했습니다"라고 적혀 있었습니다.

그때 믿음이 그들의 심문에 대하여 대답하기 시작했습니다. 그는 단지 지극히 높은 자보다도 더 높으신 하나님께 대적하는 자만을 대적했을 뿐이며, 소동을 일으켰다고 하지만 본디 평화를 신조로 여기는 사람으로서 선동을 할 까닭이 없고, 우리의 의견에 동의하는 파당을 만들었다고 하나 사람들이 다만 우리의 진실됨과 결백함을 알게 됨으로써 일어난 일이므로 그들은 단지 악에서 떠나 선을 택했을 따름이라고 대답했습니다. 게다가 "당신네들의 왕을 경멸했다고 하지만 당신들의 왕인 바알세불은 우리 주 하나님의 원수이므로 그와 그의 신하들을 배격하지 않을 수 없습니다."

하고 그는 담대히 말했습니다. 그러자 그들의 왕인 바알세불을 응호하여 법정에 서 있는 피고인들을 반박하고자 하는 사람이 있으면 출두해서 증언하라는 지시가 내려졌습니다. 그러자 세 명의 증인이 나섰는데 그들의 이름은 질투(Envy), 미신(Superstition), 아첨(Pickthnak)이었습니다. 이들은 지금 재판정에 서 있는 피고인들을 알고 있느냐는 질문을 받은 후에 이 죄인들의

말을 반박하여 그들의
왕을 옹호하는 증언을
하도록 요청 받았습니
다. 그러자 질투가 앞
으로 나와 말하기 시
작했습니다.

질투 재판장님, 저
는 오래 전부터 이
사람을 알고 있습
니다. 존엄한 법정
앞에서 저는 맹세
코 거짓 없는 증언
을 하겠습니다. 이
사람으로 말하면…

재판장 잠깐, 선서
부터 먼저 하시오.

　그리하여 그들은
법정에서 선서를 하고 난 뒤에 다시 말하기 시작했습니다.

질투 재판장님, 이 사람은 매우 그럴 듯한 이름을 가지고 있지만
사실은 우리나라에서 가장 비열한 인간입니다. 그는 왕이건 백성
이건 법률이건 관습이건 아랑곳하지 않고 무시하면서 오직 그 자
가 신봉하는 신앙과 경건의 규칙이라 부르는 불충한 사상을 사람
들에게 감염시키려는 악한입니다. 특히 제가 언젠가 그로부터 직
접 들은 바에 의하면 그가 신봉하는 기독교의 교리와 우리 '허영
의 거리' 관습들과는 전혀 정반대의 것이어서 결코 서로 화합할
수 없다는 것입니다. 이것만 보아도, 재판장님, 그는 우리가 지
닌 모든 칭찬할 만한 관습들뿐만 아니라 그것을 지키는 우리들

자신마저 비난하고 정죄하고 있는 자입니다.

재판장 그밖에 더 할 말은 없는가?

질투 재판장님. 말씀드릴 것은 많지만 법정을 지루하게 할 것 같아 이 정도로 그치겠습니다. 그러나 다른 증인들께서 제시한 증거만으로 이 자를 사형시킬 만한 증거가 불충분하다면 다시 한번 보충 증언을 하겠습니다.

그래서 재판장은 질투에게 대기하고 있으라고 명한 후 다음으로 미신이라는 증인을 불러 세워 피고인의 얼굴을 자세히 보라고 했습니다. 또한 그들의 왕인 바알세불을 옹호하여 피고에게 반박할 것이 있으면 무엇이든 다 말하라고 명했습니다. 그리하여 미신은 선서를 하고 난 후에 증언을 시작했습니다.

미신 재판장님, 저는 일찍이 이 사람과 친분을 가져본 적도 없고 앞으로도 역시 사귀고 싶은 마음이 없습니다만 그가 이 도시에 들어온 이후 요전 날에 잠시 이야기를 나누어 본 결과 아주 못된 자임을 알게 되었습니다. 그가 말하는 대로라면 우리의 종교는

아주 무가치한 것
으로 이런 종교를
가지고는 하나님을
기쁘시게 할 수 없
다는 것입니다. 재
판장님께서도 잘 아
시겠지만 이 자가
말한 대로 따르자면
우리는 모두 헛되이
신을 섬기고 있으
며 여전히 죄악 속
에 빠져 있고 결국
은 저주를 받아 지
옥에 떨어지게 된
다는 것입니다. 제
가 말하고자 하는
점은 바로 이것입니다.

　다음으로 아첨이 선서를 했습니다. 그러자 재판장은 그들의 왕인 바알세
불을 옹호하여 피고인에게 반박할 말이 있으면 무엇이든지 하라고 명했습니
다.

아첨 재판장님, 그리고 여기 모이신 신사 여러분, 저는 오래 전부
터 이 자를 잘 알고 있으며 또한 그가 말하지 말아야 할 것을 말
하는 것도 여러 번 들었습니다. 이 자는 우리의 고귀한 대왕이신
바알세불을 비방하였고, 그 분의 존경할만한 친구인 노인경(老人
卿), 음란경, 사치경, 허영경, 호색경, 탐욕경 등을 비롯하여 여
러 귀족들을 경멸하고 모욕하는 말을 하는가 하면, 만일 도시 주

민들의 생각이 자기와 일치하기만 하면 그 귀족들을 이 마을에서 더 이상 살지 못하도록 추방해야 한다고 말한 적도 있습니다. 뿐만 아니라 지금 이 자를 재판하기 위해 대왕께서 임명하신 재판장님까지도 하나님을 거역하는 악당이라고 비방하였고 그밖에도 온갖 험담과 욕설을 하여 우리 마을에 사는 대부분의 귀족들을 비방했습니다.

　아첨의 말이 끝나자 재판장은 법정에 서 있는 피고인을 가리키며 말했습니다.

재판장 변절자, 이단자, 반역자인 악한아! 선량하고 정직한 증인들이 하는 말을 잘 들었는가?

　그러자 성실이 대답했습니다.

성실 제가 몇 마디 말씀드려도 좋겠습니까?

재판장 악당 같으니, 너는 더 이상 살 가치가 없는 놈이야. 당장 죽여버려야 마땅하겠지만 본관이 너 같은 것들에게도 얼마나 관

대한가를 보여 주
기 위해 몇 마디
변명할 기회를 주
겠다.

성실 우선 질투
씨가 말한 것에
대해 답변을 하겠
습니다. 세상의
어떤 법률·규
칙·관습이든 하
나님의 말씀에 어
긋나는 것은 기독
교 정신에 어긋나
는 것이라는 말
이외에는 말한 적

이 없습니다. 만일 내 말에 잘못된 점이 있다면 납득할 만한 설명
을 해 주십시오. 그렇게 해주신다면 여기 당신들 앞에서 기꺼이
내가 한 말을 취소하겠습니다. 둘째로, 미신 씨가 내게 반박하여
증언한 것에 대해서 말씀드리자면 하나님을 경배하기 위해서는
신성한 믿음이 필요하며, 그것을 얻기 위해서는 하나님의 신성한
계시에 부합하지 않은 것을 믿으면서 하나님을 경배한다는 것은
단지 인간적인 신앙에 불과할 뿐 영생의 은혜를 얻을 수 있는 참
된 신앙이 되지 못할 것입니다. 셋째로, 아첨 씨가 말한 것에 대
해서 말씀드리자면(내가 비방을 했다느니 헐뜯었다느니 하는 따위의 말은
제쳐두고) 이 도시의 임금님과 소위 귀족들이라고 불리는 그의 신
하들은 이 마을이나 이 나라에 사느니보다는 오히려 지옥에 가서

살아야 마땅한 인물들이라고 생각합니다. 그러하오니 주여, 저를 긍휼히 여겨 주시옵소서!

그러자 재판장은 배심원들에게 말했습니다. (그때까지 배심원들은 옆에서 재판을 지켜보고만 있었습니다)

재판장 배심원 여러분, 여러분도 알다시피 이 사람은 우리 도시에서 커다란 난동을 일으킨 장본인입니다. 여러분은 덕망 높은 신사들이 그에게 반박하는 증언을 들으셨을 줄로 압니다. 또한 지금 그의 답변과 자백을 들으셨으니 이제 그를 교수형에 처하느냐 아니면 살려 두느냐 하는 것은 여러분들의 생각과 판단에 달려 있습니다. 저는 먼저 여러분들이 판단을 내리시기 전에 우리나라의 법률에 대해서 여러분들께 설명해 드리는 것이 순리라고 생각하는 바입니다. 우리 군주이신 바알세불의 신하들 중에서 그 하나였던 바로(Pharaoh)왕 시대에 제정된 법률에 의하면, 이단 종교를 믿는 사람들이 번성하고 자라나 너무 강하게 될 것을 억제하기 위하여 그들의 사내 자식은 모두 강에 던져 죽게 하였고(출 1:2 2), 또 대왕님의 신하였

던 느부갓네살 왕의 치
정 중에는 누구든지 백
성들 가운데 그가 금을
부어 만든 우상 앞에 엎
드려 경배하지 아니하
면 즉시 풀무에 던져 태
워 죽이는 법령이 있었
으며(단 3:4~6), 다음으
로 다리오 왕 때에도 어
느 기간을 정하여 그 기
간 동안 누구든지 왕 이
외에 어떤 다른 신이나
우상에게 경배하고 의
지하면 사자굴에 던져 넣기로 되어 있었습니다(단 6:7~9). 그런
데 이제 반역자인 피고는 생각뿐만 아니라(물론 생각으로 반역하는 것
도 용서할 수 없지만) 언행에 있어서도 이 모든 법령을 위반했습니
다. 그러므로 이 자의 죄악은 결코 용서할 수 없는 것이라고 생각
합니다. 바로가 옛날에 그러한 법령을 제정하게 된 동기를 말하
자면 실제로 범죄가 아직 나타나지는 않았지만 머지않아 범죄가
일어날지도 모른다는 우리에게 미연에 방지하기 위해 정한 것인
데 지금 이 자의 범죄는 매우 명백하게 드러났습니다. 느부갓네
살 왕과 다리오 왕의 법률에 비추어 보아도 여러분이 보다시피
이 피고인은 우리의 종교에 거역하여 함부로 비방했고, 그 스스
로 자백한 반역죄만을 생각해 보아도 마땅히 사형선고를 내리는
것이 당연하다고 생각합니다.

28. 악당들의 재판

그리하여 배심원들은 의견을 모으기 위해 잠시 퇴정했는데, 그들의 이름
은 이렇습니다.

맹목씨(盲目, blindness),　　악의씨(惡意, malicious),
호색씨(好色, lechery),　　방탕씨(放蕩, dissipation),
불손씨(不遜, involuntary),　　오만씨(傲慢, arrogance),
적의씨(敵意, according),　　허위씨(虛僞, fallacy),

잔인씨(殘忍, cruel),
고집씨(stubbornness),
원한씨(怨恨, antipathy)
성급씨(性急, hasty)
등이었습니다.

그들은 이미 제각기
마음속에 피고를 반박
하는 유죄 판결에 동
의하고 있었으므로 얼
마 후 만장일치로 유
죄판결을 결정하고 나
서 재판장에게 보고했
습니다. 그들 중 배심
원 맹목 씨가 맨 먼저
나와서

맹목 이놈은 이단
자가 분명합니다
라고 하자, 다음으로

불손 이런 놈은 이 세상에서 아주 없애버려야 합니다
악의 그렇소, 이런 놈의 얼굴은 쳐다보기도 싫소.

하고 맞장구를 쳤습니다. 이번에는

호색 나는 저런 악인의 언동을 결코 참을 수 없소.

방탕 나도 그렇게 생각합니다. 왜냐하면 그놈은 나의 언행을 언제나 비방하고 악평하기 때문이오.

라고 말하자 드디어 성급 이 나섰습니다.

성급 저놈을 교수형에 처합시다.

오만 저 빌어먹을 녀석 같으니.

오만이 한 마디 내뱉자

적의 저놈은 보기만 해도 적개심과 분노가 끓어오릅니다.

하고 말하면서 얼굴이 붉으락푸르락했습니다.

허위 저놈은 사기꾼이오.

잔인 교수형에 처하는 것도 너무 가벼운 일이오.

라고 외쳤으며

원한 저놈을 죽여 없애 버립시다.

라고 흥분하는가 하면, 마지막으로 고집 씨는

고집 이 세상 모든 것을 다 준다고 해도 저놈과는 절대로 화목할 수 없습니다. 어서 저놈을 사형에 처합시다.

이렇게 해서 그들은 생각하고 말한 대로 곧 실행에 옮겼습니다. 그리하여 성실은 법정에서 끌려나가 이전에 있던 감옥으로 돌아가 일찍이 없었던 참혹한 사형에 처하기로 결정되었습니다.

그들은 성실을 감옥에서 끌어내어 그들의 법률에 따라 우선 채찍으로 매질을 가하고 나서 주먹으로 때리고, 피부를 여기저기 칼로 찌르고, 돌로 치고 난 다음 화형 틀에 묶어 맨 뒤에 살이 불에 타서 재가 되도록 내버려두었습니다. 이렇게 하여 믿음은 마침내 고통스럽게 비참한 최후를 맞았습니다.

바로 그때 나는 수많은 군중들 뒤로 쌍두 마차 한 대가 그를 기다리고 있다가 그의 고통스러운 환난이 끝나자마자 태워 가지고 나팔소리를 울리며 구름 사이를 헤쳐 나가 천국문에 이르는 것을 보았습니다.

이렇듯 성실의 사형집행은 즉각 이루어졌으나 그리스도인은 얼마 동안 감금되어 있다가 하나님의 은혜로 그곳을 벗어나 가던 길을 계속 나아갈 수 있게 되었습니다.

성실은 선하고
충성스럽게
하나님 앞에 믿음을
보였으니
하나님의 축복이
그와 함께 하리라

세속과 환락에 빠진
불신자들이
지옥의 고통에서
울부짖고 있을 때
찬송하라 성실이여!
그대 이름 영원하리라

저들은 세상법으로
그대를 죽였으나
그대는 하나님의 법으로
참 생명을 얻었도다

29. 좋은 친구 소망

또 꿈속에 보니 그리스도인이 한 낯선 사람과 동행하고 있었습니다. 그의 이름은 소망(Hopeful)이었는데 허영의 시장에서 그리스도인과 성실의 언행에 큰 감동을 받은 후에 형제로 언약을 맺은 다음 동행하기를 요청했던 것입니다. 이렇게 해서 하나님의 진리를 증거하기 위하여 한 사람이 죽자 또 다른 한 사람이 그의 재 가운데서 일어나 그리스도인의 순례길을 동행하게 된 것이었습니다.

소망은 그리스도인에게, '머지않아 허영의 도시에 사는 많은 사람들이 천국을 향한 순례의 길에 나서게 될 것'이라고 말해주었습니다. 꿈속에서 또 보니 그들이 허영의

도시 경계를 벗어나 그들보다 앞서 가고 있는 한 사람을 급히 따라잡는 것을 보았는데, 그 사람의 이름은 사심(私心)이었습니다. 그리스도인과 소망은 그에게 말을 걸었습니다.

소망 여보시오, 선생. 고향은 어디며 어디까지 가십니까?

하고 묻자 그는 교언(巧言)이라는 도시에서 떠나 하

늘나라를 향하여 가
는 길이라고 말하면
서 자기 이름은 말하
지 않았습니다.

그리스도인 교언
이라는 데서 오셨
다구요. 그곳에도
선한 사람들이 있
습니까?

사심 그렇다고 생
각합니다.

그리스도인 죄송
하지만 선생 성함
을 어떻게 불러야
할까요?

사심 우리는 피차
초면입니다. 만일 당신들이 이 길로 간다면 내 기꺼이 동행해 드
리겠지만 그렇지 않다면 혼자 가도 무방합니다.

그리스도인 교언이라는 도시는 나도 전에 들어본 적이 있는데 굉
장히 부유한 동네라고 하던데요.

사심 그건 사실이지요. 내 친척들 중에도 큰 부자들이 무척 많이
있으니까요.

그리스도인 그곳 친척들에 누가 있습니까?

사심 마을 전체가 제 친척이라고 해도 과언이 아니지요. 특히 영
합경(迎合卿), 기회주의자경, 교언경이 유명하지요. 교언경이 조
상의 성을 따라 마을 이름을 그렇게 지었지요. 게다가 팔방미인

씨(八方美人), 표리부동 씨
(表裏不同), 무관심(無關心)
씨 그리고 우리 교구 목
사인 속임수 씨는 제 어
머니의 형제들이지요. 사
실대로 말씀드리자면 지
금 저는 이렇게 교양을
갖춘 훌륭한 신사가 되어
있지만 본시 저의 증조부
께서는 뱃사공으로 한쪽
만을 바라보면서도 다른
쪽으로 배를 저어 많은

돈을 모으셨는데, 저의 유산의 대부분은 그 직업으로 얻은 것이
지요.

그리스도인 당신은 결혼하셨습니까?

사심 물론이지요. 내 아내는 현숙한 어머니의 딸인데 매우 정숙
하고 유덕한 사람입니다. 속임수 부인(Lady Feigning)의 딸로서
전통 있는 명문귀족의 후예이며 뛰어난 교양과 예의범절을 갖추
고 있어서 왕족에서부터 농부에 이르기까지 정중한 예로 대하는
방법을 잘 알고 있지요. 종교적으로 지나치게 엄격한 신자들과
다소 다른 점이 있기는 하지만 그것은 두 가지 사소한 차이일 뿐
입니다. 첫째는 시대적인 사조와 흐름에 역행하려는 법이 없으
며, 둘째는 순탄하고 평안할 때는 종교를 잘 믿습니다. 그래서 태
양이 거리를 밝게 비추는 화창한 날은 사람들이 찬양을 합니다.
그럴 때는 우리도 하나님과 함께 동행하기를 원합니다.

그러자 그리스도인은 동행자 소망에게 가서 속삭였습니다.

그리스도인 저 사람은 사심으로 교언이라는 도시의 시민인 것 같습니다. 그것이 사실이라면 우리는 근래에 만난 사람 중 가장 악한 자와 동행이 된 셈입니다.

소망 직접 물어 보시지요. 제 생각에 그는 자기 이름을 부끄러워할 자가 아닌 것 같습니다.

   그리하여 그리스도인은 다시 사심에게로 다가가 말을 건넸습니다.

그리스도인 선생. 당신은 마치 이 세상 모든 것을 다 알고 있는 것처럼 말씀하십니다. 대강 짐작이 가는데 혹 교언 마을에서 오신 사심 선생이 아니신지요?

사심 사실 그것은 나의 이름이 아니고 나를 싫어하는 사람들이 내게 붙여놓은 별명이지요. 나보다 앞서 살다 간 사람들도 이런 일들을 묵묵히 참고 견딘 것처럼 저도 하나의 질책으로 알고 달게 참아야 하겠지요.

그리스도인 그럴 만한 이유가 있는 건 아닙니까?

사심 절대로 없습니다. 혹시 있다면 나는 운 좋게도 항상 현실을 바르고 빠르게 파악하는 능력을 가지고 있어 어떤 일이 닥치더라도 임기응변으로 남들보다 이익을 더 보는 것뿐입니다. 그것은 솔직히 말해 신의 축복일 뿐이지 악의를 품고 있는 일이 아닌 만큼 질책이나 비난을 받을 일이 아니라고 봅니다.

그리스도인 나는 많은 소문을 들어온 사람이 바로 당신이 아닐까 생각했습니다. 당신께 붙여진 별명은 다른 어떤 것보다 당신에게 맞는 이름 같습니다.

사심 당신께서 그렇게 생각하신다면 어쩔 수 없는 일이지요. 하지만 당신께서 나와 동행해 주신다면 내가 당신께 훌륭한 친구가 될 수 있다는 것을 알게 될 것입니다.

그리스도인 만일 당신이 우리와 동행하고자 하신다면 시대사조

를 역행해야 합니다. 그리고 당신의 뜻과는 맞지 않을 것이지만 종교가 비단옷을 입을 때나 누더기를 걸치고 있을 때나 변함없이 믿고 따라야 하며, 주님이 갈채와 환호를 받거나 쇠고랑을 차고 경멸을 받거나 변함없이 주님을 의지하고 믿어야 합니다.

사심 당신이 신앙에 대해 강요하거나 지배해서는 안 됩니다. 그건 내 자유에 맡기시고 길이나 동행합시다.

그리스도인 당신께서 내가 제안한 대로 하지 않으신다면 한 발자국도 같이 동행할 수 없습니다.

사심 나의 옛 원칙들은 해롭기는커녕 오히려 유익한 것들이기 때문에 나는 절대로 그것들을 버릴 수가 없소이다. 당신들이 동행하는 것을 원치 않는다면 당신들이 날 따라오기 전처럼 혼자라도 갈 수 있소. 혹 누군가 날 따라오는 사람이 생긴다면 그와 함께 즐거이 동행하면 되니까요.

마침내 그리스도인과 소망은 사심을 남겨 두고 한참 떨어져서 가던 길을 걷고 있었습니다. 뒤를 돌아보니 세 남자가 사심의 뒤를 쫓고 있었습니다. 그들이 그의 곁으로 다가오자 사심은 정중하게 인사를 했고 그들도 예절을

갖추어 답례를
했습니다. 그
세 사람은 물욕,
배금주의자, 인
색으로 사심이
이전부터 알고
지내던 사이였
습니다. 이들은
어린 시절부터
함께 자란 소꿉
친구로 북부 지
방의 탐욕군 내
에 위치한 상업
도시인 애리(愛
利, Love gain)
시의 취리(取利,
Mr. Gripe Man)
선생으로부터
함께 가르침을

받았던 동창생들이었습니다. 취리라는 선생은 그들에게 이득을 얻기 위해서
는 폭력·속임수·사기·횡령·아첨과 거짓말·가짜 교인 등 온갖 수단 방
법을 가리지 않아야 한다고 가르쳐 주었고, 그들 넷은 이 선생으로부터 많은
기술을 배우고 익혀서 이제는 제각기 자신의 힘으로 그런 기술들을 가르치는
학교를 설립하여 운영할 수 있게 되었습니다.

30. 사심과 물욕

인사를 서로 나눈 후에 물욕 씨가 사심 씨에게 물었습니다.

물욕 앞서 가는 사람들은 누구입니까?

그때까지도 그리스도인과 소망이 함께 앞서서 걸어가고 있는 것이 눈에 띄었기 때문이었습니다.

사심 먼 지방에서 온 사람들인데 자기들 고집대로 저런 모양을 하고 순례의 길을 가고 있는 사람들이지요.

물욕 허참. 그들이나 우리나 다같이 천국을 향한 순례자들인데 어찌하여 우리와 즐거운 동반자가 되지 않을까요?

사심 그러게 말입니다. 저 사람들은 대단히 강직하고 고집이 세어서 자기들의 주장만 내세우고 남의 의견은 무시해 버리기 때문에 그들의 생각과 일치하지 않으면 동행을 거절합니다.

인색 그건 좋지 못한 성격이로군요. 우리는 '지나치게 의롭다(전 7:16)'는 말씀을 읽은 적이 있거니와 너무 고지식한 성격의 사람들은 사람을 판단할 때 자신들의 주장을 내세워 자신들 이외의 사람을 비난하고 정죄하지요. 그런데 도대체 당신과 그들은 뭐가 얼마나 다릅니까?

사심 저들의 고집스런 생각에 의하면 온갖 폭풍한설을 무릅쓰고라도 순례 여행을 계속해야 한다고 주장하는데 비하여 저는 순풍과 밀물을 기다려 보다 쉽고 안전하게 여행하는 것이 좋다고 의견을 내세웠지요. 또한 저들은 하나님을 위해서라면 온갖 어려움과 죽음을 무릅쓰고라도 나서려는 데 반해 저는 가능한 한 모든 수단과 방법을 이용하여 내 생명과 재산을 보호하려는 것이 또

하나의 차이점입니다. 게다가 그들은 모든 세상 사람들이 그들을 반박하더라도 옳다고 여기는 자신들의 생각을 굳게 지키려고 고집하는 데 반해 나는 당신의 시대조류에 맞추어 내 신변의 안전이 보장되는 한에 있어서 종교를 지키려 할 뿐이고, 그들은 누더기를 걸치고 모욕을 당하더라도 종교와 신앙을 따르려 하나 나는 종교가 황금 신발을 신고 태양 빛 아래서 만인의 갈채를 받을 때만 종교를 따르려 하고 있답니다.

배금주의 선하고 지혜로운 사심 형제여! 당신이 생각하는 견해를 끝까지 지키시오. 사람은 자기가 가지고 있는 것을 지킬 자유가 있습니다. 그것을 잃어버린다면 매우 어리석은 행위라고 여겨집니다. 뱀처럼 지혜롭게 행동하십시다(마 10:16). 햇빛이 빛날 때에 건초를 만드는 것이 지혜로운 행위이며, 꿀벌의 행동을 관찰해 보더라도 겨우내 조용히 누워 기다리다가 유쾌한 마음으로 이득을 얻을 수 있을 때만 일어나서 활동하지 않습니까? 하나님께서는 때로는 비를 주시고 때로는 햇빛이 환히 빛나는 청명한 날을 주시는데, 그들이 비록 폭풍 한설에도 순례길을 강행하는 바보들이라 할지라도 우리는 지혜롭게 기다렸다가 청명한 날을 택하여 행동하면서 만족을 얻도록 합시다. 나는 하나님의 선하신 축복이 확실히 보장되는 종교가 제일이라고 여깁니다. 하나님께서는 이 세상에서 우리들에게 많은 것을 베푸시고 허락해 주셨으니 우리로 하여금 베푸신 것들을 잘 보존하여 하나님께 영광을 돌리는 것이 이치에 맞는 일이 아닐까요? 아브라함과 솔로몬은 종교를 가짐으로써 부자가 되었고, 욥은 말하기를 선한 사람은 '황금을 진흙덩이처럼 간직합니다(욥 22:24)'고 하지 않았습니까? 당신이 설명해 주신 것이 사실이라면 저기 앞서 가는 사람들은 욥과 같이 선하고 지혜로운 사람이기는커녕 지극히 어리석은 사람들일 겁니다.

인색 이 점에 대해서 모두 의견이 일치되었다고 생각하니 더 이상 언급할 필요가 없습니다.

물욕 그 말씀이 옳습니다. 더 이상 왈가왈부할 필요가 없어요. 우리는 보다시피 성경 말씀도 믿고 지혜로운 이성의 판단과 도리도 믿지만 그렇지 못한 자들은 자신의 타고난 자유도 모르고 자신의 안전성도 지키지 못하는 어리석은 자들이니까요.

사심 형제들이여, 보다시피 우리는 모두 순례 여행 도중에 있습니다. 기분 나쁜 이야기는 하지 말고 보다 즐거운 이야기로 무료함을 달래기 위해 제가 한 가지 문제를 제안하고자 합니다. 가령 어떤 사람, 곧 목사든 상인이든 관계없이 이 세상에서 행복과 부귀영화를 누릴 수 있는 좋은 기회가 눈앞에 놓여 있는데 무슨 수를 써서라도 그것을 얻기 위해서 최소한 외견상으로나마 전에는 관심을 보이지 않았던 종교의 몇 가지 요점들에 대해 비상한 열성을 보였다고 한다면, 이러한 방법으로 자신의 목적을 달성하는

일이 잘못된 일입니까, 아니면 바르고 정당한 일입니까?

물욕 당신이 제시하신 문제의 의도가 무엇인지 알겠습니다. 원하신다면 제가 먼저 대답하겠습니다. 첫째로, 목사에 대해서 말하자면 매우 훌륭한 자격을 지닌 목사이기는 하나 너무 봉급이 적으므로 더 많은 보수를 받기 위한 욕심이 나서 한층 더 열심히 공부하고 설교도 더욱 열렬하게 하면서 신자들의 취향이나 기질, 요구하는 대로 자신이 주장해 오던 몇 가지 주장들을 수정한다고 할지라도(그가 목사로서 그의 사명과 직업에 충실한 이상) 그는 충분히 그렇게 할만한 타당한 이유가 있다고 생각하며 이미 말한 것보다 더한 일들을 하더라도 역시 정직한 사람이라고 할 수 있을 것입니다. 그 이유를 제시하자면, 첫째, 그가 보수를 더 받고자 하는 마음은(결코 비합법적이라고 볼 수 없으니까) 합법적인 것이며, 또한 하나님의 섭리에 의해서 놓여진 기회이므로 그가 할 수 있는 한 노력하여 더 큰 소득을 올리고자 하는 것은 양심을 문제삼을 필요가 없다고 봅니다. 둘째, 더구나 그가 보수를 더 받기 위해서 좀더 열심히 공부하고 좀더 열성 있게 설교하여 결국 그가 더 훌륭한 사람이 되고 성직자로서의 재능을 더욱 개선하게 되므로 이는 하나님의 뜻에 합당한 일입니다. 셋째, 성도들의 변화하기 쉬운 기질에 적응하여 이제껏 주장해 오던 그 나름의 원칙들을 수정하는 일에 대해서 말하자면, 첫째, 그의 성질이 자기 희생적이며, 둘째, 그가 온화하고 남의 마음 마음을 이끄는 힘을 가지고 있으며, 셋째로, 그렇기 때문에 더욱더 목사로서 합당한 인물이 될 것입니다. 그러므로 결론적으로 말하면 적은 보수를 받는 목사가 많은 보수를 받으려고 노력한 행위 그 자체를 탐욕으로 볼 수 없으며, 오히려 그로 인해 더 열심히 기회를 잡은 일은 매우 칭찬 받을 만한 일이라고 보아야겠지요. 이번에는 질문의 두 번째 부분인 상인에 대하여 말하겠습니다. 한 장사꾼이 본래 가난하여 조그마한 가게밖에 가질 수 없던 중에 신도가 됨으로서 장사가 더 잘되고, 부유한 여자와 결혼하게 된다든지, 혹은 더 많은 고객을 끌 수 있게 되었다든지 하는 일은 매우 합법적이라고 말할 수밖에 없습니다. 왜냐하면, 첫째, 신앙을 갖는다는 것은 그 동기가 어떻든지 간에 덕행이 되는 것이며, 둘째, 부유한 딸을 아내로 맞이한다든지 더 많은 고객을 자신의 상점으로 유치하는 것은 비합법적이라고 볼 수 없으며, 셋째, 신앙을 얻음으로 인하여 좋은 사람들로부터 좋은 것들을 얻는다든가, 그 자신이 선한 사람이 되고 선한 아내와 선한 고객들을 맞이하게 됨은 모두 좋은 일들입니다. 그러므로 이 모든 좋은 것들을 얻기 위해서 신도가 되는 것 역시 선하고 유익한 계획입니다.

사심 씨의 질문에 대한 물욕 씨의 대답은 모두로부터 큰 박수 갈채를 받았습니다. 그러므로 목적 달성을 위하여 종교를 믿는 것은 건전하고도 유익한 일이라는 데에 만장일치로 결론을 맺었습니다. 이러한 주장을 반박할 수 있는 사람은 아무도 없을 것이라고 생각한 그들은 그리스도인과 소망 씨가 아직도 부르면 들릴 만한 거리에서 앞서가고 있었으므로 이 문제를 가지고 그들을 공박하기로 작정했습니다. 그들은 전에 사심 씨의 말을 공박하고 반대

했으므로 이들을 따라
잡아 따져 봐야겠다고
네 사람의 의견이 일
치되었던 것입니다.

그들이 함께 소리
를 지르자 두 사람은
걸음을 멈추고 그들이
따라오기를 기다렸습
니다. 그들은 두 사람
을 따라잡기 위해 급
히 가면서 이번에는
사심 씨가 문제를 제
시할 게 아니라 배금
주의가 나서서 문제를
제시하여 공박하기로
했습니다. 그 까닭은
조금 전에 사심 씨와
두 사람은 말다툼을

하고 헤어졌기 때문에 사심 씨가 적당하다고 생각했기 때문이었습니다. 마침
내 그들이 두 사람에게 다가가서 간단한 인사를 나눈 후에 배금주의가 그리
스도인과 그의 동료인 소망 씨에게 예의 그 문제를 제시하면서 대답할 수 있
으면 해 보라고 말했습니다.

그리스도인 믿음이 있는 자라면 어린 아이라도 그런 문제는 만개
라도 대답하고 남을 거요. 단지 빵을 얻기 위하여 예수님을 따르
는 것조차 불법이라 하였거늘(요한 6:26) 예수님과 종교를 이용하
여 현세의 쾌락과 유익을 얻는다는 것이 얼마나 혐오할 만한 일
입니까? 이교도들이나 위선자들, 악마나 마녀들이 아니라면 그
같은 행위는 찾아볼 수 없을 것이오. 그런 생각이나 행위가 이교
도의 그것에 속하는 이유를 설명하자면, 옛날에 하몰과 세겜이
야곱의 딸과 가축에 탐을 내었으나 오직 유대인들처럼 할례를 받

아야만 그들에게 접근할 수 있음을 알게 되었을 때, '저들처럼 우리도 모든 남자들이 할례를 받는다면 그들의 가축과 짐승과 재산 및 그 밖의 모든 것이 다 우리 것이 되지 않겠느냐?'고 말했습니다. 결국 그들은 야곱의 딸과 가축을 얻고자 하는 그들의 목적 달성을 위해서 종교를 하나의 방편으로 이용하고자 했지요. 그 다음에 어떻게 되었는지 더 알고 싶다면 성경에서 그 대목 전체를 읽어보시구려(창 34:20~23). 위선자들인 바리새인들도 역시 이런 따위의 무리들이었소. 그들이 드리는 장황하고 기나긴 기도는 짐짓 신앙을 가장하는 겉치레에 불과했고 그들의 본래 목적은 과부의 집을 차지하는 데 있었습니다. 결국 하나님께서는 그들의 거짓되고 사악한 행위에 대한 심판으로써 다른 사람들보다 더 무거운 정죄 판결을 내리셨지요(눅 20:46~47). 악마인 유다 역시 이런 식의 종교를 갖고 있던 사람이었습니다. 돈을 얻으려고 예수를 배반한 후 그 돈을 소유하려 했으나 결국 버림받고 내던져져서 영원한 지옥의 자식이 되고 말았지요. 마술사였던 시몬도 역시 이런 따위의 종교를 얻고자 했으나 돈을 벌기 위한 수단으로써 원했기 때문에 마침내는 베드로의 입으로부터 정죄 선고를 받은 것입니다(행 8:19~22). 이 세상의 부귀영화를 얻기 위해 종교를 믿는 자는 결국 이 세상의 부귀를 탐하여 종교를 버리게 될 것입니다. 분명히 말하지만 유다는 이생의 재물이 탐나서 종교를 믿었습니다가 결국 이생의 재물을 위하여 그의 스승인 예수를 팔아넘겼던 것입니다. 그러므로 그 질문에 대한 대답을 당신들이 하던 것처럼 긍정적으로 받아들인다거나 옳다고 시인하는 것은 모두가 이교적이고 위선적이며 악마적인 망상일 뿐만 아니라 그런 생각을 품고 행하는 자는 제각기 그 행한 바에 따라 정죄를 받게 될 것입니다.

　이 말을 듣고 그들은 서로 얼굴만 쳐다볼 뿐 그리스도인의 말에 어떻게 반박할지를 몰라 한동안 침묵이 흘렀습니다. 더구나 소망 씨도 역시 그리스도인의 말이 타당하다고 시인했습니다. 사심 씨를 비롯한 그의 동료들은 머뭇거리면서 뒤에 남고 그리스도인과 소망이 앞서 걸었습니다. 그러나 그리스도인은 동료인 소망에게 이렇게 말했습니다.

그리스도인 저들이 사람의 선고에도 대꾸하지 못할진대 어찌 하나님의 선고에 맞설 수 있겠습니까? 한낱 질그릇에 불과한 나 같은 사람의 말에도 힘없이 입을 다무는 저들이 무시무시한 심판의 불길로 질책을 당할 때는 어찌 견딜 수 있겠소?

31. 탐 욕

　사심 씨 일행보다 다시 앞서 걷게 된 그리스도인과 소망은 안락(安樂, Ease)이라고 불리는 아름다운 평원에 이르렀습니다. 편안하고 기쁜 마음으로 평원을 걸어가다 보니 너무나 좁은 땅이었으므로 금세 끝나고 말았습니다. 그 평원의 저 편 끝에는 탐욕(貪慾, desire)이라고 불리는 조그마한 언덕이 있었는데, 그곳에는 은광(silver mine)이 있었습니다. 전에도 이 길을 가던 사람들 중에 더러는 희귀한 금속인 은을 보려고 옆길로 들어서서 은광의 입구까지 접근하다가 발 밑에 디딘 땅이 꺼지는 바람에 죽음을 당하거나 불구자가 되어 평생을 고통스럽게 보냈습니다.

다시 꿈에 보니 은광으로 올라가는 행길에서 약간 떨어진 곳에 데마 (Demas:사도 바울의 제자로 세상을 사랑하여 배교한 자, 딤후 4:10)라는 사람이 서서 지나가는 사람들을 유혹하고 있었습니다. 데마는 그리스도인과 소망을 보더니 말을 걸었습니다.

데마 여보시오, 이쪽으로 와 보시오. 보여 드릴 게 있습니다.

그리스도인 그게 뭐기에 가던 길을

바꾸어서까지 보고 가라고 권하오?

데마 여기 한 은광이 있는데 몇몇이 귀한 보물을 얻기 위해서 땅을 파고 있답니다. 당신들도 오시면 별로 힘들이지 않고 많은 재물을 얻을 수가 있을 것이오.

소망 어디 한번 가 봅시다.

그리스도인 난 가지 않겠소. 앞서 가던 뭇 사람들이 갱 속으로 굴러 떨어져 죽었다는 말을 들었소. 재물이라는 건 본래 그것을 탐하는 자들을 패망시키는 함정이지요.

말을 마치고 그리스도인은 큰소리로 데마에게 물었습니다.

그리스도인 거기는 위험하지 않습니까? 순례자들의 여행을 방해해 오지 않았습니까?

데마 조심하는 사람은 별로 위험하지 않습니다.

　그러나 이 말을 하면서 그는 얼굴을 붉혔습니다.

그리스도인 여보시오 소망 씨. 우리는 한 발자국도 이 길에서 벗어나지 말고 가던 길이나 가기로 합시다.

소망 사심이 여기서 이런 유혹을 받으면 틀림없이 은

광을 보러 가겠지요.

그리스도인 그의 사고방식은 원래 그러하니까 틀림없이 그쪽으로 갈 것이며 반드시 죽음을 당하고 말 것입니다.

이때 데마가 다시 그들에게 말을 걸었습니다.

데마 이곳으로 한번 와 보시지요.

그러자 그리스도인이 솔직하게 말했습니다.

그리스도인 데마 씨, 당신은 이미 바른 길에서 벗어나 잘못된 길로 들어섰기 때문에 하나님의 정죄를 받은 처지요. 어찌 바른 길로 인도하시는 이 길의 주인과 원수가 되었는데 당신과 같은 정죄를 받도록 유혹한단 말이오?(딤후 4:10) 만일 하나님의 뜻을 어기고 그 길로 간다면, 모든 것을 감찰하시는 그 분 앞에 설 때 우리는 큰 부끄러움을 당하게 될 것이오.

그러자 데마는 다시 소리질러 말하기를, 자기도 같은 순례자들 중의 하나인만큼 잠시만 기다려 준다면 함께 가겠노라고 말했습니다. 그러자 그리스도인이 이렇게 물었습니다.

그리스도인 당신 이름은 무엇이오? 내가 아까 불렀던 데마가 당신의 이름이 아니오?

데마 그렇소. 나는 데마이며 아브라함의 자손입니다.

그리스도인 나는 당신을 잘 알고 있소. 거하시가 당신의 증조부이고 유다가 당신의 아버지이며 당신도 또한 선조들의 발자취를 따라왔습니다.(왕하 5:20, 마 26:14, 27:1~5) 당신이 하는 일은 악마의 장난과도 같으며 당신의 아버지는 반역자로서 스스로 목매어 죽고 말았지만 당신도 또한 그보다 나은 보상을 받을 가치가 없는 존재입니다. 우리가 하나님 앞에 서게 될 때 당신의 이러한 언동을 있는 그대로 고해 드리겠소. 그리 아시구려.

이렇게 말하고 그리스도인과 소망은 다시 갈 길을 재촉했습니다. 이 무렵 사심과 그 일행이 나타났는데, 데마의 유혹을 듣고 혹한 그들은 주저하지 않

고 은광 쪽으
로 달려갔습니
다. 그런데 그
들이 갱의 입
구에서 내려다
보다가 구덩이
속으로 빠졌는
지 아니면 은
을 캐려고 갱
속으로 내려갔
는지, 구덩이
에서 뿜어 나
오는 독가스에
질식해 죽었는
지 확실히 알
수는 없지만 그
이후에는 아무

도 그들을 볼 수 없었습니다. 그러자 그리스도인은 노래를 불렀습니다.

"사심과 데마는 서로 뜻이 맞아서
한쪽이 부르면 다른 쪽이 달려가고
탐욕스런 마음을 함께 나누다
온갖 세상 영화에 빠져 버린 탓으로
천국 향해 가는 길을 영영 떠나 버렸다네.

꿈에 보니 평원의 맞은편에 두 순례자가 도착했습니다. 길옆에는 오래 되
고 이상스럽게 생긴 비석 하나가 서 있었습니다. 두 순례자는 그 비석을 바
라보았습니다. 그것은 마치 여인이 돌기둥으로 변한 것 같은 모습을 하고 있
었습니다. 한참이나 비석 앞에 서서 들여다보았으나 무엇인지 확실히 알 수
가 없었습니다.

상세히 살피던 소망이 비석의 머리에 이상한 문자로 씌어진 문구를 발견했
습니다. 그러나 언어학자가 아닌 그로서는 그 뜻을 헤아릴 수가 없었으므로

학문이 깊은 그리스도인을 불러 글귀의 의미가 무엇인지 풀어 달라고 했습니다. 글자를 맞추어 보며 한동안 살피던 그리스도인은 그 문구가 '롯의 처를 생각하라(눅 17:32)'라는 것을 깨닫고 소망에게 읽어 주었습니다. 그들은 이 소금기둥이야말로 롯의 아내가 멸망이 임박한 소돔으로부터 화를 피하려고 성을 빠져나오다가 두고 온 재물에 미련을 버리지 못하고 돌아보았다가 소금 기둥이 된 유적임을 알았습니다(창 19:26). 뜻밖에도 놀라운 광경을 보게 된 그들은 이런 이야기를 주고받았습니다.

그리스도인 오, 참으로 적절한 때에 이것을 보게 되었군요. 데마가 은광을 보러 오라고 유혹한 후에 때맞춰 이것을 만났으니 말입니다. 만일 데마의 유혹에 당신이 끌렸던 것처럼 우리가 그곳으로 갔더라면, 우리도 필경 이 여인처럼 기둥으로 남아 뒤에 오는 사람들의 구경거리가 되었을 것입니다.

소망 그렇게 어리석었던 제가 참으로 부끄럽군요. 하마터면 저도 롯의 아내처럼 될 뻔했는데 벗어나게 되었으니 다행한 일입니다. 솔직히 말해 그녀의 죄와 내가 저지른 죄는 별 차이가 없지 않습니까? 그녀는 뒤를 돌아보았을 따름이고 난 가서 보고 싶어했었으니까요. 무한하신 하나님의 은혜에 감사하면서, 일찍이 그런 생각이 내 마음속에 들어 있었음을 부끄럽게 생각합니다.

그리스도인 여기서 본 것을 명심하여 장차 올 앞날에 도움이 되도록 하십시다. 이 여인은 소돔의 심판은 벗어날 수 있었으나 마음속의 탐욕은 버리지 못하여 결국 소금기둥이 되고 말았습니다.

소망 옳은 말씀이십니다. 이 여인은 우리에게 경고와 본보기가 되었습니다. 경고는 이 여인이 저지른 죄와 같은 죄를 범하지 않도록 경계하라는 것이고 본보기라는 것은 이러한 범죄를 예방치 못하는 경우에는 어떤 형벌이 내린다는 것을 보여 주는 심판의 표시라는 점이지요. 이와 마찬가지로 고라와 다단과 아비람과 그들을 따르던 250여 명의 죄로 말미암아 멸망을 당했는데 이것 역시 후세 사람들에게 경고가 되는 표적과 본보기가 될 것입니다 (민 26:9~10). 그런데 한 가지 의문점이 있군

요. 재물을 탐내던 한 여인이 단지 뒤를 돌아다본 것만으로도(성경을 읽어보면 그녀는 가던 길에서 단 한 발자국도 옆길로 벗어나지 않았습니다) 소금기둥으로 변하는 심판을 받았고, 조금만 눈을 들어 바라보면 보일 정도로 가까운 거리에서 데마와 그 일당들이 어찌해서

그렇게 당당하고 태연한 모습으로 그 재물을 탐하면서 행인들을 유혹하고 있는지 이해가 안 되는군요.

그리스도인 그게 참 이상한 일입니다. 그러나 그것은 그들의 마음이 자포자기가 되어 버린 탓이 아닐까요? 이를테면 재판관 앞에서 소매치기하고, 교수대 아래서 남의 지갑을 째는 자들과 같겠지요. 소돔 사람들은 악하여 하나님 앞에 큰 죄인이었다(창 13:13)고 하는데, 소돔이 에덴동산처럼 풍요로웠는데(창 13:10) 그들이 하나님의 목전에 죄를 지었기 때문입니다. 그래서 이것이 하나님의 진노를 크게 유발시켜 하늘에서 가장 뜨거운 불의 형벌

을 내리게 된 것입니다. 따라서 하나님 목전에서까지 범죄하는 자들, 또 그 본보기들이 그들 앞에서 경고를 하는데도 불구하고 계속 범죄하는 자들은 가장 가혹한 심판을 받게 될 것입니다.

소망 맞습니다. 우리들, 특히 제가 이런 본보기가 되지 않았다는 것은 하나님의 크신 자비입니다. 이것은 우리로 하나님께 감사를 드리게 하고, 그분을 두려워하게 하며 롯의 아내를 기억하게 합니다.

이윽고 그들은 쾌적한 강가에 이르렀습니다. 다윗왕은 이 강을 가리켜 '하나님의 강'이라 불렀고, 요한은 '생명수의 강'이라 불렀습니다(시 65:9, 겔 47:1~12, 계 22:1, 2) 강독을 따라 난 길을 걸으면서 그리스도인과 그의 동료는 큰 기쁨을 느꼈습니다. 그들은 강물을 마시기도 했는데, 물맛이 아주 시원해서 그들의 지친 마음에 활기를 주었습니다.

한편 강 양안에는 각종 열매를 맺는 나무들이 즐비했습니다. 그 잎사귀는 배탈을 예방하고 여행으로 인해 피가 불결해진 자들이 자칫 걸리기 쉬운 각종 질병을 막아 주는 약효가 있어서 그 잎들을 따서 먹었습니다.

또 강 양편에는 아름답고 탐스러운 백합화가 피어 있는 초장이 있었는데, 그 초장은 사시사철 푸른빛을 잃지 않았습니다. 그들은 이 초장에 누워 잠을 잤습니다. 왜냐하면 이곳은 그들이 안심하고 쉴 수 있는 곳이기 때문이었습니다. (시 23편, 사 14:30)

잠에서 깨어 일어나면, 그들은 나무 열매를 따먹고 강물을 마신 다음, 다시 잤습니다. 이렇게 며칠 밤낮을 노래를 하며 지냈습니다.

"보라. 수정 같은 강물이 흐르는 모습
강물은 순례자를 위로하기 위해 대로를 따라 흐르도다
푸른 초장은 향기로운 내음 가득하고
저들 위해 진미를 내는도다
나무들에서 나는 감미로운 열매와 잎사귀들을 보면
누구라도 자기의 것을 다 팔아 이 밭을 사리라.

32. 망 신

　아직 여행이 끝나지 않았으므로 길을 가기로 결심한 그들은 열매와 잎을 먹고 강물을 마신 뒤 길을 재촉하였습니다.

　내가 꿈에 보니, 그들은 얼마 가지 않아 강과 길이 갈라지는 곳이 나타났습니다. 여기서 그들은 적잖이 실망했지만 길을 벗어나려 하지는 않았습니다. 그런데 강에서 멀어지면 멀어질수록 길은 더 험해졌고 발은 부르트기 시작했습니다. 순례자들의 마음도 길로 인해 매우 낙심되었습니다(민 21:4).

그들은 나아가면서 길이 더 좋아지기를 바랐습니다. 그런데 약간 앞에 길 왼편으로 초장이 하나 있고, 그리로 넘어갈 수 있는 층계식 문이 하나 있었습니다. 이 초장은 곁길 초장(Bypath Meadow)이라 불리는 곳이었습니다.

그리스도인이 친구에게 말했습니다.

그리스도인 만약 이 초장이 우리 길을 따라 놓여 있다면, 그 안으로 들어가서 가는 게 어떻겠소?

　그리스도인이 계단식 문에 올라가서 보니 울타리 건너편에도 길을 따라 난 오솔길이 있었습니다.
그리스도인 내가
바라던 대로 여기
편한 길이 있습니
다. 자, 착한 소망
씨, 우리 함께 이
리로 건너갑시다.
소망 하지만 이 길
이 우리를 바른 길
에서 벗어나게 하
면 어떡하지요?
그리스도인 그럴
것 같지는 않아요.
보세요. 이 길이

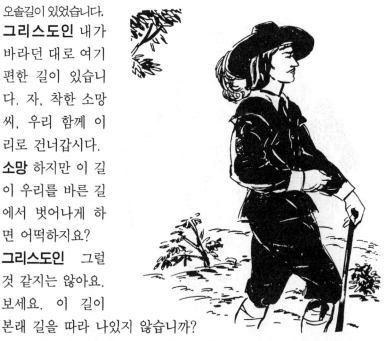

본래 길을 따라 나있지 않습니까?

그리하여 그리스도인의 설득을 받은 소망은 그의 뒤를 따라 계단식 문을
넘어 갔습니다. 울타리를 넘어 오솔길로 들어서니 발이 아주 편하였습니다.
앞을 보니 한 사람이 가고 있었는데 그 사람의 이름은 헛된 확신(vain
confidence)이었습니다. 그리스도인 일행은 그를 불러 이 길이 어디로 통하
느냐고 물었습니다. 그는 천성문으로 통하지요 라고 대답했습니다.

그리스도인 그것 보세요. 내가 그럴 거라고 하지 않았습니까?
우리가 바로 가고 있다는 사실을 알겠지요?

이리하여 그리스도인과 소망은 그를 따라갔고, 그는 저들 앞서 나아갔습
니다. 그러나 밤이 찾아와 주위에 짙은 어둠이 깔리자, 그들은 앞서 가던 사
람을 볼 수 없게 되었습니다.

헛된 확신은 혼자 앞으로 나아가다가 자기 앞에 있는 길을 보지 못하고 깊
은 웅덩이에 빠져 버렸는데(사 9:16), 이 웅덩이는 그 땅의 주인이 잘난 체하
는 바보들을 잡기 위해 파 놓은 것이었습니다. 헛된 확신은 구덩이에 떨어지

자마자 분해되어 사라졌습니다.

그리스도인과 소망은 그가 떨어지는 소리를 듣고 무슨 일이 일어났느냐고 물었습니다. 그러나 대답은 없고 신음소리만 들려왔습니다. 이에 소망의 말했습니다.

소망 여기가 어딥니까?

그리스도인은 자기가 친구를 잘못 인도하지나 않았나 생각하면서 잠자코 있었습니다.

그러자 갑자기 천둥 번개가 치고 비가 억수같이 퍼붓더니, 물이 길 위로 철철 넘치기 시작했습니다. 그러자 소망이 신음소리를 내면서 말했습니다.

소망 그냥 제 길을 갔어야 하는 건데!

그리스도인 이 길이 잘못된 곳으로 빠질지 누가 생각이나 했겠습니까?

소망 저는 처음부터 예감이 이상해서 당신에게 언질을 주었던 것입니다. 더 확실하게 주의를 주었으면 하는 생각도 했지만, 당신이 저보다 연장자라 참았지요.

그리스도인 마음을 그리 써주니 고맙소. 이제부터는 기탄 없이 말하십시오. 내가 잘못해서 이런 위기에 처하게 했으니 미안합니다. 용서하시오. 나쁜 의도로 한 것은 아니었소.

소망 이해해 드려야지요. 상황이 곧 좋아지리라 생각합니다.

그리스도인 이렇게 선한 형제와 함께 하니 얼마나 기쁜지 모르겠습니다. 이렇게 있으면 안 됩니다. 돌아가도록 해봅시다.

소망 그러시지요, 이제는 제가 앞서 보겠습니다.

그리스도인 아닙니다. 괜찮다면 내가 앞서가겠습니다. 나 때문에 우리가 곁길로 들어섰으니, 위험을 당해도 내가 먼저 당해야 마땅하지요.

소망 아닙니다. 당신은 마음이 상해 있기 때문에 또 길을 잃을지도 모르니 앞서 가시면 안 됩니다.

이때 그들은 어디선가 그들을 격려하기 위해 들려오는 음성을 들었습니다.

"네가 전에 가던 길에 착념하라. 돌아오라(렘 31:21).

그러나 이즈음에는 물이 몹시 불어나 뒤로 돌아가기란 매우 위험스러웠습니다. (그때 나는 우리가 길 안에 있다가 바깥으로 나가는 것보다는 길밖에 있다가 안으로 들어오는 일이 훨씬 어렵다는 생각을 하였습니다.)

그럼에도 불구하고 두 사람은 뒤로 돌아 과감히 나아갔습니다. 그러나 날

이 몹시 어둡고 홍수
가 너무 크게 나서 열
번이나 물에 빠져 죽
을 뻔했습니다.

그들은 갖은 방법
을 다 써보았지만 그
밤 안으로는 계단식
문에 도달할 수 없었
습니다. 그리하여 마
침내 두 사람은 조그
만 은신처 안에 들어
가 거기서 불을 피우
고 앉아 날이 밝기를
기다렸습니다. 그러
나 그들은 몹시 지쳐
있었기 때문에 곧 잠
이 들고 말았습니다.

33. 회의성

    그러나 거기서 멀지 않은 곳에 의심의 성(Doubting Castle)이라 불리는 성이 하나 있었는데, 그곳 영주는 절망 거인(Giant Depair)이었습니다. 두 사람이 잠든 곳은 바로 그 거인의 땅이었습니다.

    아침 일찍 일어나 자기 영역을 시찰하던 거인은 자기 땅에서 자고 있는 그리스도인과 소망을 발견했습니다. 거인은 우렁차고 똑똑한 소리로 일어나라고 명한 후 "너희는 어디서 온 누구인데 내 땅을 침입했느냐?"고 물었습니다. 그들은 거인에게 대답했습니다. "우리는 순례자들인데 길을 잃었습니다." 거인이 말했습니다. "너희는 밤중에 내 땅에 들어와 내 땅을 더럽히고 함부로 잠을 잤으니 잡아가야 되겠다."

거인은 힘이 세므로 두 사람은 항거도 못하고 끌려갔습니다. 그리고 그들이 말을 할 수 없었던 것은 자신들의 잘못을 알고 있기 때문이었습니다. 거인은 그들을 앞세우고 자기 성으로 가 캄캄한 토굴 속에 가두었습니다. 감옥은 더럽고 악취가 심해 견디기 어려웠습니다. 거기서 그들은 수요일 아침부터 토요일 저녁까지 음식은 물론 한 모금의 물도 못 마시고 누워 있었습니다. 그곳은 빛도 없고 친구는 물론 사람 하나 얼씬거리지 않았습니다(시 88:8).

그리스도인은 더 큰 고통을 느끼고 있었는데 그것은 이런 고난에 빠지게 된 것이 모두 자기 고집 때문이라고 여겨졌기 때문이었습니다.

절망 거인에게는 아내가 한 명 있었는데, 그녀의 이름은 자포자기 (Diffidence)였습니다. 잠자리에 들자 거인은 아내에게 자기 땅을 침범한 두 사람을 붙잡아 지하 감옥에 던져 넣은 일을 이야기하였습니다. 그리고 나서 저들을 어떻게 처리하면 좋겠느냐고 물었습니다. 아내는 거인에게 그들이 누구이며 어디서 와서 어디로 가는지 물었습니다. 거인이 대답을 해 주자, 그녀는 아침에 일어나 그들을 무자비하게 때리도록 충고해 주었습니다.

그리하여 아침에 일어난 거인은 무지막지한 돌 사과나무 몽둥이를 들고 지하 감옥으로 내려가 우선 개에게 하듯이 그들에게 욕을 퍼부었습니다. 그리고 나서 그들에게 달려들어서는 무섭게 때리기 시작했습니다. 두 사람은 그 매를 감당치 못하고 바닥에 쓰러지고 말았습니다. 이에 거인은 그들을 자신들의 고초에 대해 슬퍼하고 애곡하도록 놓아두고 물러갔습니다. 두 사람은 하루 종일 한숨과 쓰디쓴 탄식 속에서 시간을 보냈다.

그 날 밤 거인과 아내는 다시 그들에 관해 이야기를 나누었습니다. 아내는 그들이 아직 살아 있다는 말을 듣고는, 남편에게 그들이 스스로 목숨을 끊도록 설득하라고 충고하였습니다. 아침이

오자 거인은 예전과 같이 단호한 자세로 그들에게 내려갔습니다. 그들이 전날 매 맞은 상처로 인해 몹시 아파하는 것을 본 거인은 그들에게 말했습니다.

거인 너희가 여기서 빠져나갈 길은 없다. 고통을 끝낼 수 있는 유일한 방법은 칼이나 밧줄이나 독약을 먹고 스스로 목숨을 끊는 것뿐이다. 너희는 살아 있는 게 얼마나 고통스러운지 알면서도 왜 목숨을 부지하려고 하느냐?

그러나 두 사람은 거인에게 자신들을 보내 달라고 말했습니다. 이에 거인은 힘상궂은 표정을 지으면서 그들에게로 달려갔습니다. 기세로 보아 거인은 자기가 직접 그들의 목숨을 끝내 주려는 것이 틀림없었습니다. 그러나 갑자기 발작이 일어나(거인은 화창한 날이면 때때로 발작을 일으키곤 했습니다) 잠시 동안 손을 쓸 수 없게 되자 거인은 할 일을 생각하기 위해 예전처럼 자기 처소로 물러갔습니다. 그러자 옥에 갇힌 두 사람은 거인의 권유를 따라야 좋을지 따르지 말아야 좋을지 서로 의논하기 시작했습니다.

그리스도인 형제여, 우리가 어떻게 해야 할까요? 우리가 지금 살고 있는 삶은 비참하기 짝이 없습니다. 나로서도 이렇게 계속 살아야 좋을지 아니면 스스로 목숨을 끊어야 좋을지 알 수가 없군요. '이러므로 내 마음에 숨이 막히기를 원하오니 뼈보다도

죽는 것이 나으니이
다'(욥 7:15). 그리고
이 지하 감옥보다는
무덤이 내게 더 편
하겠어요.   우리가
거인의 말대로 따르
도록 할까요?

소망 참으로 우리의
현재 형편은 비참하
기 이를 수 없습니
다. 나로서도 이렇
게 영원토록 사느니
차라리 죽는 편이
더   낫겠어요. 하지
만 우리 한번 곰곰
이 생각을 해 봅시다. 우리가 가고자 하는 나라의 주님께서는 '너
희가 살인하지 말라'(출 20:13 , 마 19:18)고 명하셨습니다. 우
리는 결코 다른 사람을 살해해서는 안됩니다. 하물며 우리가 거
인의 권유대로 우리 자신을 죽이는 일은 결코 할 수 없습니다. 뿐
만 아니라 다른 사람을 죽이는 자는 그의 몸만 죽이는 샘이 되지
만, 자기 자신을 죽이는 자는 자기의 몸과 영혼을 동시에 죽이는
샘이 됩니다. 그리고 내 형제여, 당신은 무덤이 편할 거라고 말했
지만, 살인자가 가는 곳은 필경 지옥이라는 사실을 잊으셨습니
까? 살인자에게는 영생이 없습니다(요일 3:15). 이제 또다시 생
각을 해 봅시다. 모든 법이 절망 거인의 손에 쥐어져 있는 것은
아닙니다. 내가 듣기에, 우리말고도 여러 사람들이 거인에게 붙

잡혔었지만, 그의 손에서 빠져 나온 사람도 많이 있다 하였습니다. 누가 압니까. 세상을 지으신 하나님께서 혹시 절망 거인을 죽게 하시거나, 거인이 아무 때든 옥에 자물쇠를 채우는 일을 잊거나, 조만간 그가 우리 앞에서 다시 발작을 일으켜 사지를 못쓰게 되는 일이 생길는지요? 만약 거인이 다시 우리 앞에서 발작을 일으킨다면, 나는 용기를 내어 어떻게 해서든 도망칠 작정입니다. 어리석게도 아까 그러지 못한 것이 너무나 후회스럽습니다. 하지만, 형제여, 조그만 더 참고 기다려 봅시다. 우리가 즐겁게 풀려날 날이 올지도 모르니까요. 부디 우리가 살인자는 되지 맙시다.

소망은 이러한 말로 자기 형제의 마음을 가라앉혀 주었습니다. 그리하여 저들은 그날 하루를 어둠과 슬픔과 괴로움 속에서 계속 참아 나갔습니다. 저녁때가 되자 거인은 갇힌 자들이 자기 권유대로 했는지 알아보기 위해 다시 지하 감옥으로 내려왔습니다. 그러나 그들은 모두 아직 살아 있었습니다. 두 사람은 빵 한 조각 물 한 모금 먹지 못하고 또 거인이 때린 상처로 인해 간신히 숨쉬는 일 이외에는 아무 것도 할 수 없었지만, 아무튼 분명히 살아 있었습니다. 그들이 살아 있는 것을 본 거인은 무섭도록 격노하여 말했습니다. "너희가 내 권고를 무시하였으니 태어나지 않은 것만 못하게 만들어 주리라. 이 말에 두 사람은 몸을 덜덜 떨었는데, 내가 보니 그리스도인은 기절한 듯하였습니다. 그러나 잠시 후 다시 정신을 차린 그리스도인은 그들이 조금 전에 거인의 권유를 따라야 할 것인지 말아야 할 것인지에 관해 의논했던 사실을 상기했습니다. 이에 그리스도인이

다시 망설이는 빛을 보이자, 소망이 재차 그에게 격려의 말을 하였습니다.

소망 형제여, 당신은 여기까지 오면서 얼마나 용감하게 행동하였습니까? 아폴리온이 당신을 무너뜨릴 수 없었고, 사망의 음침한 골짜기에서 당신이 보고 느낀 그 어떤 것들도 당신을 막을 수 없었습니다. 당신은 지금까지 얼마나 많은 역경과 공포를 겪어 왔습니까? 그런 당신이 떨고만 있겠습니까? 당신도 보다시피, 천성적으로 훨씬 약한 나도 당신과 함께 이 지하 감옥에 갇혀 있습니다. 나도 당신처럼 거인에게 매를 맞았고, 음식을 못 먹었고, 또 캄캄한 암흑 속에서 신음하고 있습니다. 그러나 조금만 더 참아 봅시다. 당신이 허영의 시장에서 얼마나 사나이답게 행동했는지 기억해 보세요. 거기서 당신은 쇠사슬이나 철장, 심지어 처절

한 죽음까지도 두려워하지 않았습니다. 그러니 우리는 여기서 적어도 그리스도인답지 못한 수치를 드러내기보다는 할 수 있는 한 끝까지 참아 봅시다.

밤이 되어 거인은 다시 그의 아내와 함께 잠자리에 들었습니다. 아내는 거인에게 갇힌 자들이 그의 권유를 따랐는지 물어 보았습니다.

거인 그 자들은 지독한 고집 불통들이야. 스스로 목숨을 끊느니 모든 고생을 참고 견디겠다는 거야.

그러자 아내가 말했습니다. "내일 그들을 성 뜰로 끌어내어 당신이 처치한 자들의 뼈와 해골을 보여 주도록 하세요. 그리고 한 주일 이내에 그들도 자기네 동료들처럼 갈가리 찢기게 될 거라고 알려 주세요.

아침이 되자 거인은 다시 감옥으로 내려가 두 사람을 끌고 성 뜰로 나갔습니다. 그리고 아내가 말한 대로 그들에게 뼈들을 보여 주며 말했습니다.

거인 이 뼈의 임자들도 한때는 너희처럼 순례자들이었다. 그리고 저들도 너희처럼 내 땅을 침범해 들어와 내가 갈가리 찢어 주었다. 이제 너희도 열흘 안에 이런 꼴이 될 것이다. 자, 다시 너희 토굴 안으로 들어가거라.

그리고 나서 거인은 그들이 감옥으로 들어갈 동안 내내 그들을 때렸습니다. 그들은 예전처럼 토요일을 온종일 탄식하면서 보냈습니다. 밤이 오자 잠자리에 든 절망 거인과 그 아내 자포자기는 갇힌 자들에 관해 다시 의논을 하기 시작했습니다. 늙은 거인은 자기의 매질과 권유가 그들을 죽음에 이르게 하지 못할까 봐 걱정하였습니다. 그러자 거인 아내가 대답했습니다.

"그들이 혹시 누군가 와서 자기네들을 구출해 주거나 도둑이라도 들어와서 그 덕분에 탈출할 기회를 얻고자 바라고 있는 게 아닐까요?

거인 그렇다면 여보, 내가 아침에 그들을 한번 다그쳐 보리다.

토요일 한밤중쯤 되었을 때, 두 사람은 기도를 하기 시작하였는데, 그 기도는 거의 날이 샐 때까지 계속되었습니다. 아침이 되기 직전에, 착한 그리스도인은 반쯤 놀란 표정으로 갑자기 격렬하게 말을 토하기 시작했습니다.

그리스도인 아이쿠, 내가 멍청이지, 자유롭게 도망칠 길이 있는데도 그 동안 이 악취 나는 토굴에 갇혀 있었다니! 내 가슴에 약속이라 불리는 열쇠가 하나 있는데, 그 열쇠는 의심 성에 있는 모든 자물쇠를 열 수 있다고 들었습니다.

소망 그것 참 반가운 소식이군요. 착한 형제여, 그 열쇠를 가슴에서 꺼내 한 번 열어 봅시다.

이에 그리스도인은 가슴에서 열쇠를 꺼내 감옥 문을 열기 시작했습니다. 그가 열쇠를 넣어 돌리자 자물쇠 고리가 빠지면서 쉽게 문이 열렸습니다. 그리스도인과 소망은 옥을 빠져 나와 성 뜰로 통하는 바깥 문까지 왔습니다. 이 문도 그리스도인의 열쇠로 쉽게 열렸습니다. 마지막으로 그들

은 철로 된 성문에 이르렀는데 성문의 자물쇠는 매우 단단하였지만 역시 그 문도 열 수 있었습니다. 그들은 재빨리 탈출을 하기 위해 성문을 급히 열었는데 성문이 열리면서 나는 소리에 그만 절망 거인이 깨어나고 말았습니다. 거인은 자기의 포로들을 뒤쫓으려고 급히 일어났지만, 다시 발작이 일어나는 바람에 사지를 움직일 수가 없어 거인은 그들을 놓치고 말았습니다.

성에서 도망친 두 사람은 다시 왕의 대로(大路)로 돌아왔습니다.

이제 그들은 거인의 관할권에서 벗어났으므로 안심할 수 있었습니다.

계단식 문을 넘어온 그들은 나중에 오는 사람들이 정말 거인의 손에 빠지지 않도록 하기 위해 어떤 조치를 취하면 좋을까 의논을 하기 시작했습니다. 결국 그들은 문 옆에 기둥을 하나 세우고 그 위에 다음과 같은 문장을 새겨 넣기로 했습니다.

"이 계단식 문 너머에 있는 길은 회의성으로 가는 길인데. 그 성의 주인 절망 거인은 천국의 왕을 멸시하고 거룩한 순례자들을 죽이려 하는 자이다.

그리하여 이후에 오는 많은 사람들은 거기에 씌어 있는 글을 읽고 위험을 피할 수 있었습니다. 두 사람은 이 일을 마친 후 다음과 같이 노래했습니다.

"우리가 가던 길에서 벗어나니
그곳은 금단의 땅이었습니다네.
뒤에 오는 자들은 그리로 넘어가

거인의 포로가 되지 않도록 조심할지니

그의 성은 회의성이요,

그의 이름은 절망이라네.

계속 길을 가던 그들은 환희의 산(pleased mountain)에 도착하였는데, 그 산지는 우리가 앞서 언급했던 산의 주인에게 속한 땅이었습니다. 그들이 산에 올라 보니 정원과 과수원과 포도원과 샘들이 있었습니다. 여기서 그들은 물을 마시고 몸을 씻은 다음 포도원에 들어가 마음껏 과일을 따먹었습니다.

이 산의 꼭대기에는 양을 먹이는 목자들이 있었습니다. 목자들은 왕의 대로 옆에 서 있었으므로, 순례자들은 그리로 가서 지팡이에 기댄 채(지친 순례자들은 서서 다른 사람들과 말할 때 보통 이런 자세를 취합니다) 그들에게 물었습니다.

순례자 이 환희의 산은 누구의 소유며, 당신들이 치고 있는 양들은 누구의 것입니까?

목자들 이 산지는 임마누엘님의 땅으로, 그의 도성이 바라다 보이는 영역 내에 있지요. 그리고 이 양들도 그 분의 것입니다. 그 분은 양들을 위해 목숨을 버리셨답니다(요 10:11).

그리스도인 이 길이 천성으로 가는 길입니까?

목자들 올바로 오셨습니다.

그리스도인 천성까지는 얼마나 남았나요?

목자들 어떤 사람들은 너무 멀어 못 가지만, 거기 갈 사람들은 다 갑니다.

그리스도인 그 길이 위험합니까, 안전합니까?

목자들 안전하게 행하는 자들에게는 안전합니다.

'그러나 죄인은 그 도에 거쳐 넘어지리라'(호 14:9).

그리스도인 이곳에는 지치고 피곤한 순례자들을 위해 쉴 만한 곳이 있습니까?

목자들 이 산의 주인님께서는 '나그네 대접하기를 잊지 말라'(히 13:1,2)고 우리에게 분부하셨습니다. 그래서 우리는 여러분들을 위해 좋은 장소를 마련해 놓고 있습니다.

내가 꿈에 보니, 목자들은 그들이 여행자임을 깨닫고는 그들에게 여러 가지 질문을 던졌습니다. (두 사람은 다른 곳에서도 그러하였듯이 이 질문들에 대해 모두 답변을 하였습니다) 그들이 던진 질문은 어디서부터 왔느냐? 어떻게 이 길을 가게 되었느냐? 어떤 식으로 이 길을 견디며 왔느냐? 그런 것이었습니다. 목자들이 이렇게 질문을 하는 이유는 천성에 가기로 작정하고 떠난 사람들

중에서 그 산까지 도달
하는 사람은 거의 없었
기 때문이다. 두 사람
의 대답을 들은 목자들
은 즐겁고 사랑이 넘치
는 표정으로 그들을 보
며 말했습니다. "이 기
쁨의 산에 참 잘 오셨
습니다.

목자들의 이름은 지
식(Knowldege), 경험
(Experience), 진실
(truthful)이었는데, 그
들은 두 사람의 손을
잡로 자기네 장막으로
데리고 가서 준비된 음
식으로 함께 식사를 했
습니다. 그리고 나서
목자들은 말했습니다.

목자 우리는 당신들이 여기 잠시 머물면서 우리와 좀더 친해지고
또 이곳에서 나는 좋은 음식물들로 몸과 마음을 위로한 후 떠나
셨으면 합니다.

두 사람은 기꺼이 머물겠다고 했습니다. 그리고 밤도 깊었으므로 잠자리
에 들었습니다. 그 다음에 내가 꿈에 보니, 아침이 되자 목자들은 그리스도
인과 소망을 찾아와 함께 산으로 산책을 나가자고 청하였습니다. 그리하여
저들은 목자들과 함께 잠시 산책을 하였는데, 가는 곳마다 아름다운 풍경이
장관이었습니다. 그때 목자들이 서로 말을 주고받았습니다.

목자들 우리가 이 순례자들에게 놀라운 것을 좀 보여 줄까요?

그렇게 하기로 한 목자들은 그들을 데리고 먼저 오류(Error)라고 불리는
산꼭대기로 올라갔습니다. 그 산은 내려갈수록 더욱 가파른 모습을 하고 있
었습니다. 거기서 목자들은 순례자들에게 아래를 내려다보라고 해서 보니 꼭

대기에서부터 떨어져 산산 조각난 여러 사람들의 시체가 밑바닥에 널려 있었습니다.

그리스도인 이것은 무슨 의미입니까?

목자들 당신은 몸의 부활이 이미 지나갔다고 떠드는 후메내오와 빌레도(딤후2:17, 18)의 말을 듣고 오류에 빠졌던 자들에 관해 들어보셨습니까?

그리스도인 들은 적이 있지요.

그들이 대답했습니다.

목자들 이 산 밑바닥에 떨어져 산산 조각나 있는 저 사람들이 바로 그들입니다. 당신들이 보다시피, 저들은 오늘까지 매장시키지 않은 채 남겨 둔 것은 다른 사람들이 산 가까이 오거나 기어오르고자 할 때 경고를 주기 위해서입니다.

또 내가 보니, 목자들이 그들을 데리고 또 다른 산에 올라갔는데, 그 산의 이름은 조심(Caution)이었습니다. 먼 곳을 바라보라는 목자들의 말에 그들이 그곳을 바라보니 여러 사람들이 무덤 사이에서 오르락내리락하고 있었습니다. 그 사람들은 소경임에 틀림없었습니다. 왜냐하면 그들은 때때로 무덤에 걸려 넘어지곤 하면서도 거기서 빠져 나오지 못하고 있었기 때문이었습니다.

이에 다시 그리스도인이 물었습니다.

그리스도인 이것은 무슨 의미입니까?

목자들 당신들은 이 산 바로 밑에서 길 왼편으로 한 초장으로 들

어가는 계단식 문이 있는 걸 보셨습니까?

그리스도인 봤지요.

목자들 그 문 너머로 나 있는 길을 따라 가면 곧장 의심의 성이 나오는데, 그곳 주인은 절망 거인이지요. (무덤 사이에서 헤매는 자들을 가리키며) 저 사람들은 당신들처럼 순례길을 떠나 그 계단식 문까지 오기는 왔습니다. 그런데 거기서 올바른 길은 매우 험하기 때문에, 그들은 초장에 나 있는 길로 넘어 들어갔다가 절망 거인에게 붙잡힌 것입니다. 거인은 그들을 의심의 성으로 끌고 가 얼마 동안 지하 감옥에 가두었습니다가, 결국엔 그들의 눈을 뽑고 저 무덤으로 데려가 온종일 그곳을 헤매게 한 것입니다. 그리하여 지혜자의 말이 응한 셈이 되었습니다. '명철의 길을 떠난 사람은 사망의 회중에 거하리라'(잠 21:16)

그러자 그리스도인과 소망은 눈물을 글썽이며 서로를 바라보았지만 목자들에게는 아무 말도 하지 않았습니다.

또 내가 꿈에 보니, 목자들이 그들을 어떤 낮은 바닥으로 데려가는데, 그곳에는 언덕 쪽으로 문이 하나 나 있었습니다. 목자들은 그 문을 열고 순례자들에게 안을 들여다보라고 했습니다. 그들이 보니 안에는 짙은 어두움과

연기가 자욱하였습니다. 그리고 그들은 불이 타는 듯한 소음과 고통 당하는 자들의 울부짖는 소리를 들었으며, 유황 냄새 같은 것을 맡았습니다.

그리스도인 이것이 무슨 의미입니까?

목자들 이것은 지옥으로 가는 샛길인데, 위선자들이 주로 가는 길이지요. 예를 들면 에서처럼 자기의 출생 권리를 파는 자들(25:29~34)이나 유다처럼 자기 스승을 파는 자들(마 26:14~16), 알렉산더처럼 복음을 모욕하는 자들(딤후 1:20), 아나니아와 그 아내 삽비라처럼 거짓말하고 속이는 자들(행 5:1~11)이 들어간답니다.

소망 그 사람들도 한결같이 지금 우리처럼 순례자 모습을 하고 있었단 말이죠?

목자들 예, 그렇습니다. 뿐만 아니라 꽤 오랫동안 그래 왔습니다.

소망 저 사람들은 당시에 얼마나 멀리까지 왔습니다가 저렇게 비참한 상황에 빠졌습니까?

목자들 어떤 사람들은 꽤 멀리까지 왔고, 어떤 사람은 이 산에도 미치지 못했었습니다.

그러자 순례자들은 서로를 바라보며 말했습니다. "우리는 강하신 분에게

부르짖어 힘을 달라고 할 필요가 있군요.

목자들 예, 그리고 만약 당신들이 그 힘을 가지고 있다면, 이를 사용할 필요도 있습니다. 이제 순례자들은 계속 길을 나아가기를 원하였고, 목자들도 그들의 소원을 받아들였습니다. 그리하여 저들은 산지의 끝까지 함께 걸어갔습니다. 그 때 목자들이 '이 순례자들이 우리의 망원경을 볼 수 있는 기술을 갖고 있다면, 그들에게 천성문을 보여 주는 게 어떻겠소? 하고 의논한 다음 그렇게 하겠느냐고 물었습니다.

순례자들이 그 제안을 받아들이자 목자들은 그들을 청명(Clear)이라 불리는 높은 산으로 데려가 망원경을 주었습니다. 두 사람은 망원경을 들여다보다가 목자들이 마지막으로 보여 줄 광경을 보고 부들부들 떨었습니다. 그래서 그들은 망원경으로 사물을 똑똑히 볼 수 없었지만, 대문 같은 것과 그곳의 영광을 약간 볼 수 있었습니다. 그리고 나서 순례자들은 다음과 같은 노래를 부르며 길을 떠났습니다.

"이렇듯 목자들을 통하여 비밀이 계시되었으니
이 비밀은 다른 사람들에게는 감추인 것이라.
만약 누구든 깊은 것, 감추인 것, 신비로운 것을 보고 싶거든
이 목자들에게 오시오.

그들이 길을 떠나고자 할 때, 목자 중 한 사람은 그들에게 길 안내도를 주었습니다. 또 한 사람은 그들에게 아첨꾼을 주의하라고 일러주었습니다. 세 번째 목자는 마법의 땅에서 잠들지 않도록 주의하라고 당부하였습니다. 네 번째 목자는 하나님께서 그들을 지켜 주시길 바란다고 말했습니다. 그리고 나서 나는 잠을 깼습니다.

34. 무 식

　내가 다시 잠들어 꿈에서 보니, 그 두 순례자가 천성으로 가는 큰길을 따라 산을 내려가고 있었습니다. 그런데 그 산 바로 앞 왼쪽에 기만의 나라 (country of Conceit)란 곳이 있었습니다. 그 나라에서부터 순례자들이 가고 있는 큰길로 들어오는 약간 구부러진 오솔길이 하나 있었습니다. 거기서 그들은 쾌활해 보이는 한 젊은이를 만났는데, 그는 독단촌 나라에서 온 무식 (Illiteracy)이라는 사람인데 실상은 진리를 모르는 무식꾼이면서도 매우 독단 적이어서 모든 것을 다 알고 있는 체했습니다. 그리스도인과 소망은 그에게 올바른 진리를 가르쳐 주려고 했지만 도리어 핀잔을 주는 것이었습니다.

　그리스도인이 그에게 어디서 오며 어디로 가는지 물었습니다.

무식 나는 저 왼쪽으로 조금만 가면 있는 나라에서 태어났습니다. 그리고 이제 천성을 향해 가고 있는 길이지요.

그리스도인 그런데 어떻게 그 문에까지 도달할 생각입니까? 거기까지 가려면 어려움

이 많을 텐데요.

무식 다른 선한 사람들이 하듯이 할 겁니다.

그리스도인 문을 열어 달라고 하기 위해 보여줄 것이 있나요?

무식 나는 주님의 뜻을 알고 있습니다. 그리고 이제껏 나는 착하게 살아 왔습니다. 다른 사람의 돈을 한번도 떼어먹은 적이 없으며, 늘 기도하고 금식하고 십일조를 바치고 자선을 베풀었으며 천국으로 가기 위해 고향을 떠나왔습니다.

그리스도인 그러나 당신은 이 길 어귀에 있는 좁은 문을 통해 들어오지 않고 저 구부러진 오솔길을 따라 들어왔습니다. 당신이 자신을 어떻게 생각하든 간에 심판의 날이 오면 천국에 들어가기는커녕 강도라고 책망이나 받지 않을까 두렵습니다. (요 10:1)

무지 당신들은 나와 남남이라 나는 당신들을 알지 못합니다. 당신들은 당신네 나라의 종교나 따르십시오. 나는 우리나라 종교를 따르겠습니다. 나는 우리 모두 잘 되기를 바랍니다. 그리고 당신이 말한 그 문에 관해서는 세상이 다 알고 있으며, 그 문이 우리 나라에서 매우 멀리 떨어져 있다는 사실도 알지요. 우리 지방 사람들 중에서 그 문으로 가는 길을 아는 이가 있는지 나는 잘 모르겠는데, 그들은 자기네들이 아는지 모르는지에 관해 상관하지 않습니다. 왜냐하면 당신들도 보다시피 우리는 저렇게 편하고 상쾌한 푸른 오솔길을 통해 질러 들어올 수 있으니까요.

그가 멋도 모르고 지혜로운 체하는 것을 보고 그리스도인은 소망에게 나직이 소식였습니다.

"스스로 지혜롭게 여기는 자를 보십니까? 그보다 미련한 자에게 오히려 바랄 것이 있습니다(잠 26:12).

우매자는 길을 행할 때도 지혜가 결핍하여 각 사람에게 자기의 우매한 것을 말합니다(전 10:3). 자, 우리가 어떻게 할까요? 여기서 그와 이야기를 더 나눌까요, 아니면 지금은 그가 우리의 말에 대해 혼자 생각하도록 놔두고 앞

서 가다가, 후에 다시
멈춰 우리가 어느 정도
그를 도울 수 있는지
알아볼까요?
그러자 소망이 말했습
니다.

소망 무지로 하여
금 이제 잠시 동안
우리의 말을 생각
하도록 합시다. 또
그가 좋은 권면을
거절치 못하게 합
시다. 가장 큰 유익
이 무엇인지 모르
게 해서는 안 되니

까요. 물론 깨닫지 못하는 자들도 하나님께서 만드셨지만
그런 자들은 구원받을 수 없다고 주께서 말씀하셨답니다.
　소망은 또 이렇게 덧붙였습니다.
소망 내 생각엔 한 번에 모두 말해 주는 것은 썩 좋아 보이지 않
습니다. 당신이 동의하신다면, 지금은 우리가 그냥 앞서 가다가
알아들을 만한 때에 다시 이야기해 보도록 하죠.
　그리하여 두 사람은 계속 길을 갔고, 무식은 뒤에 처져 걸어갔습니다. 그
들이 무식을 앞서 나간 지 얼마 되지 않아, 두 사람은 아주 어두운 길에 들어
서게 되었는데, 거기서 그들은 한 사람이 일곱 가닥의 강한 밧줄에 묶인 채
일곱 귀신에게 끌려오는 것을 보았습니다. 귀신들은 그를 예전에 순례자들이
보았던 언덕 옆문으로 끌고 가고 있었습니다(마 12:45, 잠 5:22).
　이를 본 착한 그리스도인과 그 동료 소망은 벌벌 떨기 시작하였습니다. 그
러나 귀신들이 그를 끌고 지나가자, 그리스도인은 그가 혹시 아는 사람이 아

닌지 알기 위해 자세히 살펴보았습니다. 그리스도인은 그가 배신촌에 살던 배반이라는 사람 같다고 생각했습니다. 그러나 그는 마치 현장에서 붙잡힌 도둑처럼 고개를 푹 숙이고 있었기 때문에, 그리스도인은 그의 얼굴을 똑똑히 볼 수 없었습니다. 하지만 소망은 그가 지나간 다음에 그의 뒤를 보았는데, 그 사람의 등에는 "바람둥이 교수, 저주받을 배반자라고 씌어 있었습니다. 그때 그리스도인이 소망에게 말했습니다.

그리스도인 그리고 보니 예전에 들은 이야기가 생각나는데, 이 근처에서 한 착한 사람이 당한 일이라오. 그 사람의 이름은 소신(小信, Little faith)이었습니다. 비록 믿음은 적었지만, 그럼에도 불구하고 그는 착한 사람이었지요. 그의 고향은 성실(Sincere)이란 도시였답니다. 자초지종을 말하자면 이렇습니다. 이 길 어귀에는 넓은 문에서부터 내려오는 작은 오솔길이 하나 있는데, 그 길은 죽은 자의 오솔길(Dead man's lane)이라고 불린답니다. 그렇게 불리는 이유는 살인자들이 보통 그 길을 이용하기 때문입니다. 우리와 마찬가지로 순례길을 가고 있던 소신(小信)은 우연히 거기 앉아 잠이 들고 말았습니다. 그때 넓은 문에서 내려오는 오솔길에 세 명의 포악한 건달들이 나타났는데, 그들의 이름은 불신(Mistrust), 겁쟁이, 범죄(Guilt)로서 한 형제들이었습니다. 이 건달들은 소신이 있는 것을 보고 속력을 내어 달려왔습니다. 마침 이때 그 착한 사람은 막 잠에서 깨어나 다시 여행을 시작하던 참이었습니다. 건달들은 그의 뒤를 쫓아가면서 무시무시한 목소리로 그에게 서라고 위협을 했습니다. 이 소리에 소신은 백짓장처럼 하얗게 되어 싸울 힘도 도망할 힘도 다 잃고 말았습니다. 그러자 겁쟁이가 말했습니다. "네 돈지갑을 내 놔라." 그러자 소신은 돈을 잃기 싫었기 때문에 머뭇거렸습니다. 이에 불신이 그에게 달려들어 호주머니에 손을 푹 찔러 넣더니 은돈 주머니를 끄집어냈습니다. 그러자 소신이 소리쳤습니다. "도둑이야! 도둑이야! 이에 범죄가 손에 들고 있던 커다란 곤봉으로 소신의 머리를 내리쳤습니다. 그것을 맞고 소신은 피를 철철 흘리면서 넓죽 엎어져 버렸습니다. 그 동안 도둑들은 그 곁에 서 있었습니다. 그러나 마침내 누가 오는 소리를 듣고는 그가 혹시 좋은 확신(Good confidence)이란 도시에 살고 있는 대은혜가 아닌가 두려워하여, 소리를 죽이고는 그 착한 사람을 혼자 남겨 둔 채 도망치고 말았습니다. 그러자 소신은 땅에서 일어나 얼른 제 길로 달려갔답니다. 이것이 이야기의 전부입니다.

소망 하지만 그 자들은 소신(小信)의 가진 재산을 다 빼앗아가지 않았습니까?

그리스도인 아닙니다. 그의 보석을 감추었던 곳은 그들이 뒤지지 않았기 때문에 그것들은 무사했지요. 그러나 내가 들은 바에 의하면, 그 착한 사람은 자기 생활비의 대부분을 잃어버렸기 때문에 많은 고생을 했다고 합니다. 도둑들이 가져가지 않은 것으로는 내가 방금 이야기한 대로 보

석들과 또 얼마 안 되는 잔돈이 있었는데, 그 잔돈으로는 여행을 끝까지 해 나가기에 충분하지 못했지요(벧전 4:18). 내가 잘못 전해들은 것이 아니라면, 그는 길을 가면서 목숨을 부지하기 위해 구걸을 해야 했답니다. 그는 한사코 자기 보석들을 팔려 하지 않았기 때문이지요. 그는 구걸과 그 외 할 수 있는 여러 가지 일을 하면서 나머지 대부분의 길을 굶주린 배를 안고 갔답니다.

소망 하지만 그가 천국문을 들어갈 때 제출해야 하는 증명서를 도둑들이 훔쳐가지 않았다는 것은 놀랍지 않습니까?

그리스도인 놀랍지요. 하지만 그들은 증명서를 훔쳐가지 않았습니다. 이는 소신이 잘 숨겨서 그렇게 된 것은 아닙니다. 왜냐하면 그는 도둑들이 오는 것을 보고 당황해서 어떤 것을 숨길 만한 힘과 재주를 발휘할 수 없었기 때문입니다. 그러므로 소신이 그 좋은 것을 잃어버리지 않은 이유는 자기 노력 때문이라기보다는 하나님의 섭리 덕분이라고 할 수 있습니다(벧후 2:9).

소망 그래도 그가 보석들을 잃어버리지 않았으니 마음에 위안이 되었겠군요.

그리스도인 만약 그가 보석을 사용했더라면, 더 큰 위안을 얻을 수 있었을 것입니다. 그러나 내게 이야기를 전해 준 사람들의 말에 의하면, 그는 나머지 길을 갈 동안 거의 그 보석들을 사용하지 않았다고 합니다. 이는 그가 돈을 잃어버렸을 때 받은 충격 때문이었지요. 실제로 그는 나머지 여행을 할 때 대개는 그 보석을 잊고 지냈습니다. 그러다 가끔 보석이 생각나면 그것으로 마음의 위안을 삼기 시작했지요. 그렇지만 곧 돈을 잃어버렸던 생각이 되살아나 그는 온통 거기에 사로잡히곤 했답니다.

소망 저런, 불쌍한 사람! 이것은 그에게 큰 슬픔이 아닐 수 없었겠네요.

그리스도인 슬픔이다마다요! 만약 우리가 그 사람처럼 낯선 곳에서 강도를 만나 돈을 빼앗기고 상처를 입었다고 생각해 봅시다. 우리는 그렇게 슬프지 않겠습니까? 그 불쌍한 사람이 슬픔으로 죽지 않은 것이 이상할 정도입니다. 내가 듣기에, 그는 나머지 길을 거의 슬프고 쓰디쓴 불평만 하면서 갔다 합니다. 그는 만나는 사람마다 붙들고, 자기가 어디서 어떻게 강도를 만났으며 누가 그 짓을 했는지, 자기가 무엇을 빼앗기고 어떻게 상처를 입었는지, 그리고 하마터면 목숨까지 빼앗길 뻔했다는 이야기를 하였답니다.

소망 그렇게 궁색하면서도 왜 그 보석을 팔거나 저당 잡혀 여행 중에 쓸 물건을 사지 않았는지 의심스럽네요.

그리스도인 당신은 마치 시대를 전혀 모르는 사람처럼 말하는군요. 그 사람이 보석을 저당 잡히고 무엇을 받을 수 있으며 그것을 판다면 누가 사겠습니까? 그가 강도 당한 곳에서 그의 보석은 아무도 거들떠보지 않는 무가치한 것이었습니다. 그리고 그 보석을 팔아서 생계를 유지하고 싶은 마음도 없었습니다. 실제로, 그가 천국 문 앞에 도달했을 때 보석이 없으면 그 안으로 들어갈 수 없습니다.(그는 이 사실을 잘 알고 있었지요). 그러니 차라리 수만 명의 도둑들에게 수모를 당하는 편이 낫다고 생각되었을 것입니다.

소망 형제여 어찌 그리 말씀하십니까? 에서는 죽 한 그릇을 얻기 위해 자기의 권리 장자권을 팔았습니다(히 12: 26). 에서가 그랬거늘 소신이라고 그렇게 못할 이유가 없지 않습니까?

그리스도인 물론 에서는 자기의 장자권을 비롯해 거기에 속한 여러 권리를 팔았습니다. 그래서 그는 망령된 자들과 같이 소중한 축복에서 제외되고 말았습니다. 그러나 에서와 소신 두 사람은 차이가 있으며, 그들의 재산도 서로 다르다는 사실을 염두에 두어

야 합니다.
에서의 장자권은
상징적인 것이지
만, 소신의 보석은
그렇지 않았습니
다. 에서는 자기 배
를 하나님으로 삼
고 있었지만, 소신
은 그렇지 않았습니
다. 에서는 육신적
미각을 만족시키는
데 급급했지만 소
신은 그렇지 않았
습니다.

또 에서는 자기 정욕을 채우는 것 외에는 아무 것도 몰랐습니다.
'내가 죽게 되었으니 이 장자의 명분이 내게 무엇이 유익하리
요?'(창 25:32) 그러나 소신은 비록 믿음은 적었지만, 이 적은 믿
음 덕분에 그러한 방종을 멀리할 수 있었고, 장자권을 판 에서처
럼 자기 보석들을 팔지 않고 이를 보면서 기쁨을 얻을 수 있었던
것입니다. 당신은 어디서건 에서가 믿음을 갖고 있었다는 말씀을
읽어본 적이 있습니까? 없을 것입니다. 그에게는 적은 믿음조차
없었습니다. 그러므로 그는 육체의 욕망에 따라 행동하고(믿음이
없는 자는 이럴 수밖에 없습니다) 자기의 장자권과 영혼과 그 외 모든
것을 지옥의 악마에게 판다 할지라도 놀랄 것은 별로 없습니다.
왜냐하면 이는 마치 발정난 암나귀 경우와 같기 때문입니다. '그
성욕의 때에 누가 그것을 막으리요'(렘 2:24). 그들은 일단 마음이

정욕에 붙잡히면 물불을 가리지 않고 행합니다. 그러나 소신은 전혀 다른 기질을 갖고 있었습니다. 그의 마음은 신성한 것들을 사모했습니다. 또 그의 삶은 영적인 것과 하늘에서 내려오는 것들로 유지되었습니다. 이런 사람이 설사 꼭 사야 할 것이 있다 한들 보석을 팔아 헛된 것들로 그 마음을 채우려 하겠습니까? 사람이 건초 더미로 자기 배를 채우기 위해 돈을 쓰겠습니까? 혹은 산비둘기를 설득해 수탉처럼 썩은 고기만 먹고살도록 할 수 있겠습니까? 믿음 없는 자는 육신적 정욕 때문에 자기의 가진 바와 또 자기 자신까지도 완전히 팔아 버리거나 저당 잡힐 수 있을지 몰라도, 믿음 곧 구원의 믿음을 갖고 있는 자는 아무리 적은 믿음을 갖고 있을지라도 그런 일을 하지 않습니다. 그러니 내 형제여, 그런 생각은 당신의 잘못입니다.

소망 잘못을 인정합니다. 하지만 당신의 엄격한 생각이 저를 화나게 만들었습니다.

그리스도인 당신은 마치 머리 위에 조개 껍질을 얹고 한번도 안 가 본 길을 달려가는 날쌘 새 같다고 할 수 있습니다. 하지만 그 이야기는 이제 넘어갑시다. 우리가 토론한 내용을 곰곰이 생각해 보면 당신과 나 사이의 관계가 온전히 회복될 것입니다.

소망 그렇지만 내게 이런 생각이 듭니다. 그 세 명의 도둑도 다만 겁쟁이들에 불과했습니다. 그렇지 않았다면 저들이 누군가 다가오는 소리에 도망을 쳤겠습니까? 그런데 소신은 왜 좀더 대범한 마음을 갖지 못했을까요? 내 생각으로는 그들과 한번 싸움을 벌여 보고 대책이 없으면 그때 항복해도 되었을 텐데요.

그리스도인 그들이 겁쟁이라고 말하지만 시험해 본 사람은 없습니다. 그리고 대범한 마음을 언급하셨는데, 소신에게는 그러한 마음이 전혀 없습니다. 형제여, 당신의 말은 만약 당신이 그런 일

을 당한다면 한번 싸워 본 다음에 항복했을 것이라는 뜻 같은데 지금 당신은 배가 부르고 그 자들이 멀리 떨어져 있어서 그렇지 만일 눈앞에 있다면 생각이 달라질 겁니다. 그리고 또 생각해 봅시다. 그들은 행인을 터는 도둑에 불과하지만, 그들이 섬기는 왕은 밑 없는 구덩이, 곧 무저갱의 주인입니다. 그 왕은 필요하면 친히 자기 부하들을 돕기 위해 나타나기도 하는데, 그 음성은 우는 사자의 소리와같지요(벧전 5:8). 나도 이 소신 씨가 당했던 일과 비슷한 일을 당한 적이 있는데 참 무시무시한 일이었지요. 그 세 악한이 달려들자 나는 그리스도인답게 저항하기 시작했지요. 그런데 그 자들이 소리를 지르자 그들의 주인이 나타났습니다. 그때 나는 속담에 이른 대로 내 생명을 헐값에 넘겨 버리려고 했습니다. 그러나 하나님의 도우심으로 나는 증거의 갑옷을 입게 되었지요. 그 전부터 나는 하나님의 도구로 쓰임 받아 왔지만, 사나이답게 처신하는 것이 얼마나 힘든 일인지는 그때 처음 알았습니다. 싸움에 직접 참가해 보지 않고는 어느 누구도 자신이 어떻게 싸울 것이라고 자신 있게 말할 수 없습니다.

소망 그렇지만 당신도 알다시피 그들은 대 은혜라는 사람이 오는 줄 생각하고는 도망가지 않았습니까?

그리스도인 그렇습니다. 대 은혜가 나타나면 그들뿐 아니라 그들의 주인도 종종 도망을 칩니다. 놀랄 일은 아니지요. 왜냐하면 그는 우리 임금님의 투사이니까요. 그런데 당신은 소신과 임금님의 투사간에 어떤 차이점을 발견할 수 있을 것입니다. 임금님께 복종하는 자들이 모두 그의 투사가 되는 것은 아닙니다. 어떤 이들은 아무리 노력해도 투사들이 거두는 전공 같은 것을 결코 세울 수 없습니다. 어린아이가 다윗처럼 골리앗을 물리칠 수 있다고 봅니까? 또 굴뚝새한테 황소와 같은 힘이 있을 수 있다고 생각하십니까? 어떤 이들은 강하고 어떤 이들은 약합니다. 어떤 이들은 큰 믿음을 갖고 있고, 어떤 이들은 적은 믿음을 갖고 있습니다. 소신 씨는 약한 사람이었고 그러기에 난관에 부딪혔던 것입니다.

소망 소신 대신에 대 은혜씨가 있었으면 좋았을 것을.

그리스도인 설사 그가 있었을지라도 힘겨웠을 것입니다. 왜냐하면 대 은혜씨가 아무리 무기를 잘 쓴다 해도, 그가 저들을 칼끝으로 겨누고 있는 때에만 그들을 막을 수 있습니다. 그러나 겁쟁이와 불신과 또 한 사람이 그를 포위한다면 일은 몹시 어려워집니다. 그들은 저의 발을 걸어 넘어뜨리려 할 테니까요. 사람이 쓰러지면 무엇을 할 수 있겠습니까? 대 은혜씨의 얼굴을 자세히 살펴보면 상처와 흉터가 많이 있는데, 그것들이 내가 한 말의 좋은 증거들이 됩니다. 나는 언젠가 그가 이렇게 말하는 것을 들었습니다(당시 그는 전투중이었습니다). '우리가 힘에 지나도록 심한 고생을 받아 살 소망까지 끊어졌도다(고후 1:8).' 이 불한당들과 그 동료들이 다윗을 얼마나 고통스럽게 하고 고민하게 하고 화나게 했는지 아십니까? 헤만과 히스기야도 역시 당시에 큰 투사였지만 저들의 공격을 물리치기 위해 무진 애를 써야 했는데, 그럼에도 불구하고 그들의 겉옷은 저들에 의해 못 쓰게 되고 말았습니다. 베드로는 한때 자기가 주님을 위해 할 수 있는 일이면 무엇이든 하겠다고 나서곤 했습니다. 그래서 어떤 사람들은 그를 요리조리 조정함으로써 결국 그는 보잘것없는 소녀까지 두려워하게 되어 버렸습니다. 한편 악한들의 왕은 그들의 휘파람 소리에 늘 귀를 기울이고 있습니다. 그래서 소리를 못 듣고 지나치는 적이 없습니다. 악한들이 곤경에 처하면, 가능한 한 그는 저들을 돕기 위해 달려옵니다. 그 왕에 관해서는 이렇게 이야기됩니다. '칼로 칠지라도 쓸데없고 창이나 살이나 작살도 소용이 없구나. 그것이 철을 초개같이, 놋을 썩은 나무같이 여기니 살이라도 그것으로 도망하게 못하겠고 물매돌도 그것에게는 겨같이 여기우는구나. 몽둥이도 검불같이 보고 창을 던짐을 우습게 여기는도다(욥 41:26~29).' 이러한 경우에 사람이 무엇을 할 수 있겠습니까? 그러나 그에게 항상 욥의 말을 탈 수 있는 용기와 기술이 있다면, 그는 큰 일을 성취할 수도 있습니다. 그 말에 관해서는 이렇게 기록되어 있습니다.

'말의 힘을 네가 주었느냐? 그 목에 흩날리는 갈기를 네가 입혔느냐? 네가 그것으로 메뚜기처럼 뛰게 하였느냐? 그 위엄스러운 콧소리가 두려우니라. 그것이 골짜기에서 허위고 힘있음을 기뻐하며 앞으로 나아가서 군사들을 맞되 두려움을 비웃고 놀라지 아니하며 칼을 당할지라도 물러나지 아니하니 그 위에서는 전동과 빛난 작은 창과 큰 창이 경쟁하며, 땅을 삼킬 듯이 맹렬히 성내며 나팔 소리를 들으면 머물러 서지 아니하고 나팔 소리를 나는 대로 소소히 울며 멀리서 싸움 냄새를 맡고 장관의 호령과 떠드는 소리를 듣느니라(욥 39:19~25).'

그러나 우리 같은 하인들은 원수와 만나기를 바라지도 말고, 다른 사람들이 곤경 당한 이야기를 들을 때 우리라면 더 잘 할 수 있었으리라고 으스대지도 맙시다. 그리고 우리가 남자답다는 생각에 스스로 만족해하지도 맙시다. 왜냐하면 그러한 자는 대개 시험을 당할 때 더 큰 어려움을 당하기 마련이니까요. 내가 앞에서 언급했던 베드로는 허황된 마음의 충동을 받아 다른 모든 사람은 다 주를 버릴지라도 자기만은 주를 위하여 싸우겠다고 장담했지만, 저 악한들에 의해 베드로만큼 희롱 당하고 쫓김 당한 사람이 어디 있겠습니까? 그래서 왕의 대로에 그러한 강도들이 나타났다는 말을 들을 때, 우리는 두 가지 일을 해야 한다는 생각이 듭니다. 첫째로, 우리는 무장을 하고 방패를 확실히 챙겨야 합니다. 소신 씨가 리워야단(Leviathan)의 공격을 받을 때 그를 무찌를 수 없었던 것은 이런 무장이 없었기 때문입니다. 실제로 우리가 무장을 하지 않을 때 마귀는 전혀 우리를 두려워하지 않습니다. 그리하여 능숙한 기술을 갖춘 이가 이렇게 말한 것입니다.

'모든 것 위에 믿음의 방패를 가지고 이로써 능히 악한 자의 모든 화전을 소멸하고(엡 4: 16).'

두 번째로 우리는 임금님께서 우리와 함께 가심으로 우리를 호위해 주시도록 기도하는 것이 좋습니다. 이 덕분에 다윗은 사망의 음침한 골짜기로 다닐 때 기뻐할 수 있었고, 모세는 하나님 없이 행군하느니 차라리 그가 서있는 곳에서 죽는 편이 낫겠다고 말했습니다(출 33:15). 오, 내 형제여, 만약 주께서 우리와 함께 가 주시기만 한다면 수만 명의 원수가 우리에게 달려든다 할지라도 두려워할 필요가 어디 있겠습니까? 그러나 그가 함께 계시지 아니하시면 제아무리 으스대는 조력자라도 죽임을 당하게 될 것입니다(시 3:5~8, 27:1~3, 사 10:4). 나도 전에 여러 번 전쟁을 치른 적이 있습니다. 그런데 가장 선하신 그의 도우심을 통해 보시다시피 지금까지 내가 살아 있기는 하나, 나는 내가 사나이답다고 자랑할 수 없습니다. 우리가 아직 모든 위험을 다 벗어나지는 못했지만, 내가 바라기는 이제 더 이상 원수들의 공격을 받지 않았으면 좋겠습니다. 그러나 사자와 곰이 아직 나를 삼키지 못하였으니, 하나님께서 다음 번 할례 없는 블레셋인들로부터도 나를 건져 주실 것입니다(삼상 17:37).

그리고 나서 그리스도인은 다음과 같이 노래하기 시작했습니다.

불쌍한 소신 씨! 도둑들에게 에워싸여 강도를 당했군요
믿는 자들은 누구나 이 일을 기억하고
더 큰 믿음을 갖도록 하시오
그리하면 수만 명이 달려들어도 능히 물리칠 수 있으며
누구라도 당신을 당할 수 없을 것입니다

35. 아 첨

그들은 계속해서 길을 갔고 무지는 그 뒤를 따랐는데, 한참 가다 보니 그들이 가는 길에서부터 또 한 가닥의 길이 나 있는데, 그 길도 역시 곧게 놓여 있는 것처럼 보였습니다. 그리스도인과 소망은 두 길이 자기네들 앞에 곧게 놓여 있는 것 같았으므로 어느 길로 가야 할지 몰라 잠시 서서 생각을 하기로 했습니다.

그들이 길에 관해 생각하고 있을 때, 피부는 검지만 매우 흰옷을 입은 사람이 다가와 물었습니다.

"왜 당신들은 여기 서 계시오?

그들이 대답했습니다.

"우리는 천국으로 가고자 하는데, 어느 길로 가야 할지 몰라서 그럽니다."

그 사람이 말했습니다.

"나를 따라오시오 나도 그리로 가는 참입니다.

그리하여 그리스도인과 소망은 그를 따라 나섰습니다. 그러나 그 길을 감에 다라, 그들은 자기네가 가고자 하던 성에서부터 점점 빗나가게 되었고, 얼마 안 있어 그들은 성과 정반대 방향으로 가고 있었습니다. 그렇지만두 사람은 계속 그

를 따랐습니다.

마침내 아무 것도 모르고 따라가던 그들은 그물이 쳐져 있는 곳까지 들어갔습니다. 그물이 덮치자 그들은 거기에 갇혀 꼼짝도 할 수 없었습니다. 이때 검은 얼굴의 흰 겉옷 자락이 떨어져 내렸습니다. 그제야 두 사람은 자기들이 어떤 처지에 빠졌는지 깨닫게 되었습니다. 그들은 도저히 거기서 빠져나갈 수 없었기 때문에 한동안 누워서 엉엉 소리내어 울었습니다. 그리고 나서 그리스도인이 그의 친구에게 말했습니다.

그리스도인 내가 또 실수를 범했군요. 목자들이 우리에게 아첨꾼을 조심하라고 일러주었는데 옛 현인의 말씀대로 되었군요.

'이웃에게 아첨하는 것은 그의 발 앞에 그물을 치는 것이니라'(잠 29:5).

소망 목자들은 또한 우리가 길을 잘 찾을 수 있도록 안내도 주었었지요. 그런데 우리는 그 안내도 보는 것을 잊어버리고 '멸망시키는 자의 길'에 들어서게 되었군요. 여기서 다윗은 우리보다 더 지혜로웠습니다. 그는 '사람의 행사로 논하면 나는 주의 입술의 말씀을 좇아 스스로 삼가서 강포한 자의 길에 행치 아니하였사오며'(시 17:4)라고 말했거든요.

이렇게 한참 그들은 그물 속에서 통곡을 하고 있었습니다. 그러자 한 빛나는 이가 손에 조그만 줄로 만든 채찍을 들고 다가오는 것이 보였습니다. 그

는 두 사람이 있는 곳
까지 와서는 그들이
어디서 왔으며 거기서
무엇을 하고 있느냐고
물었습니다. 두 사람
은 대답했습니다.
"우리는 시온으로 가
는 순례자들인데 흰옷
입은 검은 사람을 따
라가다가 이렇게 되었
습니다.
그러자 채찍을 든 사
람이 말했습니다.
"그는 아첨꾼(Flatterer)
이라는 사람으로서 '거
짓 사도요, 자기를 광
명의 천사로 가장하는
자'입니다 (고후11
:13, 14, 단 11:32).

그리고 나서 그는 그물을 찢어 두 사람을 풀어 준 다음에 말했습니다.
"내가 당신들을 도로 데려다 줄 테니 나를 따르시오."
두 사람은 그의 인도를 받아 얼마 전에 아첨쟁이를 만났던 곳까지 나오게
되었습니다. 이때 그 사람이 순례자들에게 물었습니다.
"당신들은 지난 밤 어디서 잤습니까?"
그들이 대답했습니다.
"기쁨의 산에 있는 목자들의 집에서요."
그가 또 물었습니다.
"목자들이 당신들에게 길 안내도를 주지 않던가요?"
그들이 말했습니다.
"주었습니다."
그가 말했습니다.
"그러면 당신들은 여기 서 있을 때 안내도를 꺼내어 보지 않았습니까?"

그들이 대답했습니다.

"안 보았습니다."

"왜요?"

그가 물었습니다. 그들이 말했습니다.

"깜빡 잊었습니다."

그가 다시 물었습니다.

"목자들이 당신들에게 아첨장이를 조심하라고 일러 주지 않던가요?"

그들이 대답했습니다.

"일러 주었습니다. 하지만 그렇게 말을 잘 하는 이가 바로 아첨쟁이일 줄은 상상도 못했습니다(롬 16:17, 18).

그때 내가 꿈에서 보니, 그가 두 사람에게 엎드리라고 명하였습니다. 그들

이 엎드리자, 그는 저들을 혹독하게 채찍질하면서 그들이 걸어야 하는 착한 길이 어떤 것인지 가르쳐 주었습니다(신 25:2).

그는 저들을 채찍질하며 말했습니다.

"무릇 내가 사랑하는 자를 책망하여 징계하노니 그러므로 네가 열심을 내라 회개하라(계 3:19).

그리고 나서 그는 두 사람에게 자기네 길을 가도록 명하면서, 목자들이 가르쳐 준 길 이외에는 가지 않도록 주의하라고 일러주었습니다.

이리하여 그들은 그의

친절에 감사한 후 가벼운 마음으로 바른 길을 가면서 노래를 불렀습니다.

> 천성을 향해 가는 자들이여! 이리로 와서
> 곁길로 갔던 순례자들이 어떤 값을 치렀는지 보시오
> 그들은 꽁꽁 얽어매는 그물에 걸렸으니
> 이는 그들이 선한 충고를 가볍게 여기고 잊었기 때문이오
> 그들이 구조되기는 했으나
> 보시오. 게다가 채찍질까지 당했으니
> 그대들은 이를 보고 조심하시오.

얼마 후에 그들은 한 사람이 저 앞에서 유유히 혼자 대로를 따라 자기들을 향해 오는 것을 보았습니다. 그리스도인이 그의 친구에게 말했습니다.

그리스도인 한 사람이 시온을 뒤에 두고 우리를 향해 오는군요.

소망 내 눈에도 보이는군요. 이제 정신을 바짝 차립시다. 그도 아첨쟁이 같은 사람일지 모르니까요.

그 사람은 점점 다가와 마침내 서로 만나게 되었습니다. 그의 이름은 불신앙(Irreligious)이었는데, 그는 두 사람에게 어디로 가느냐고 물었습니다.

그리스도인 우리는 시온산으로 갑니다.

그러자 무신론자는 한바탕 크게 웃었습니다.

그리스도인 왜 그렇게 웃습니까?

불신앙 당신들이 그렇게 우스꽝스러운 여행을 한다고 하니, 얼마나 무지몽매한 사람들인가 생각되어 웃었습니다. 당신들은 고통스런 여행을 해왔지만 아무 것도 못 얻게 될 것입니다.

그리스도인 여보시오, 어째서 당신은 우리가 아무 것도 못 얻을 것이라고 생각합니까?

불신앙 얻는다구요? 이 세상에는 당신들이 꿈꾸는 그런 곳은 어디에도 없단 말입니다.

그리스도인 그렇지만 내세에는 있습니다.

불신앙 내가 집, 곧 내 고향에 있을 때, 나도 당신이 지금 말하는

것 같은 소리를 들었소. 그때부터 20년간 나는 그 도성을 찾아 헤매었지만, 내가 출발하던 첫날에 보았던 것 이상의 것을 본 적이 없다오(전10:15, 렘 22:12).

그리스도인 우리는 그러한 곳을 찾을 수 있다고 들었고 또 믿습니다.

불신앙 만약 내가 집에 있을 때에 믿지 않았다면, 그 성을 찾으러 거기까지 가지도 않았

을 것입니다. 하지만 나는 아무 것도 찾지 못했습니다. 만약 그런 곳이 있다면 내가 틀림없이 찾았을 것입니다. 왜냐하면 나는 당신들보다 훨씬 더 멀리 갔었으니까요. 이제 나는 돌아가렵니다. 그리고 존재하지도 않는 성을 찾아 나서느라 예전에 버리고 왔던 것들을 다시 찾아 좀 즐겨 봐야겠습니다.

그러자 그리스도인이 그의 동료 소망에게 말했습니다.

그리스도인 저 사람의 말이 정말일까요?

소망 조심하십시오. 그는 아첨꾼들 중 하나입니다. 우리가 전에

이러한 친구의 말을 듣다가 얼마나 큰 대가를 치렀는지 기억하십시오. 시온산이 없다니! 우리가 기쁨의 산에서 그 성의 문을 보지 않았습니까? 또한 우리가 지금 믿음으로 행하고 있지 않습니까?(고후 5:7) 채찍을 든 사람에게 다시 신세를 지지 않으려거든 계속 길을 나아갑시다. 당신이 마땅히 내게 다음과 같은 훈계를 해야 할 텐데 오히려 내가 말하게 되는군요.

'내 아들아, 지식의 말씀에서 떠나게 하는 교훈을 듣지 말지니라'(잠 19:27) 내 형제여, 청컨대 그의 말을 듣지 마십시오. 그리고 믿음으로 영혼의 구원을 이룹시다(히 10:39).

그리스도인 내 형제여, 당신에게 그렇게 물은 것은 내가 당신 신앙의 진실성을 의심해서가 아니라, 당신의 입장을 명확히 밝히게 하고 정직한 당신 마음의 열매를 드러내게 하기 위해서였습니다. 저 사람으로 말하자면 이 세상 신으로 인해 눈이 먼 것에 틀림없습니다. 당신과 나는 진리에 대한 믿음이 있으니 계속 앞으로 나아갑시다.

'모든 거짓은 진리에서 나지 않습니다'(요일 2:21).

소망 이제 나는 하나님의 영광을 바라는 소망 안에서 즐겁습니다.

그리하여 두 사람은 그를 떠나갔고, 불신앙자는 그들을 비웃으면서 자기 길로 갔습니다.

36. 매혹

내가 꿈에서 보니, 그들은 어떤 지방에 도착했는데, 그곳은 누구든지 낯선 사람이 그곳 공기를 마시면 자기도 모르게 졸게 되는 매혹 촌이라는 곳이었습니다. 여기서 소망은 졸음이 와서 걸을 수가 없었습니다. 그리하여 소망은 그리스도인에게 말했습니다.

소망 웬일인지 졸려서 눈을 뜰 수가 없습니다. 그러니 잠깐 누워 한숨 자고 가시지요.

그리스도인 절대 안 돼요. 한번 잠들면 다시 깨어나지 못합니다.

소망 잠은 수고한 자에게 필요한 것입니다. 우리가 낮잠을 자고 나면 기운이 회복될지도 몰라요.

그리스도인 당신은 목자 중 한 사람이 우리에게 마법의 땅(Enchanted Ground)을 조심하라고 일러준 것을 기억하지 못합니까? 그는 우리에게 여기서 잠들면 안 된다고 주의를 주었습니다.

'그러므로 우리는 다른 이들과 같이 자지말고 오직 깨어 근신할지라'(살전 5:6).

소망 제 잘못을 인정합니다. 만약 제가 혼자였더라면, 나는 잠을 자다가 큰 변을 당하고 말았을 것입니다. 나는 지혜자의 한 말이 옳다는 것을 알겠습니다. '두 사람이 한 사람보다 나으니'(전 4:9). 지금까지 당신이 동행해 주심은 내게 큰 자비였습니다. 당신은 당신의 노고에 합당한 보상을 받을 것입니다.

그리스도인 졸음을 막기 위해 좋은 말이나 주고받으며 갑시다.

소망 좋지요.

그리스도인 무엇부터 시작할까요?

소망 하나님께서 인도하시는 대로 따르지요. 하지만 원하신다면 당신이 먼저 시작하십시오.

그리스도인 우선 당신에게 이 노래를 불러 드리지요.

성도들이 즐거든
이리 보내어
순례자의
이야기를 들라 하시오.

그들로 어떻게든
배우게 하고
그럼으로 졸린 눈을
뜨게 하시오.

성도들의 교제만
유지된다면
모두가 깨어 있어
지옥도 물리친다오.

그리고 나서 그리스도인은 말을 이었습니다.

그리스도인 당신에게 한 가지 묻겠습니다. 당신이 지금 행하고 있는 일을 하는 데 있어서 제일 먼저 무슨 생각이 듭니까?

소망 제일 먼저라면 내 영혼의 유익을 추구하는 것이 되지 않겠습니까?

그리스도인 그렇습니다. 바로 그 말을 하려고 했습니다.

소망 오랫동안 나는 우리 시장에서 전시되고 또 팔리는 물건들에 도취되어 있었습니다. 내가 만약 여전히 그 가운데 있었다면, 그 물건들은 나를 파멸과 죽음으로 몰아 넣었을 것입니다.

그리스도인 그 물건이 어떤 것들입니까?

소망 세상의 모든 보화와 부귀지요. 또한 나는 떠들고 흥청거리고 술 마시고 욕하고 거짓말하고 추잡한 일을 행하고 안식일 범하기를 떡 먹듯 했지요. 그런 것들은 모두 내 영혼을 파괴시키는 것들이었지요. 그러다가 마침내 나는 당신과 또 허영의 시장에서 자기의 믿음과 선한 생활을 지키기 위해 순교 당한 사랑스러운 믿음 씨를 통해 하나님의 말씀을 듣고 또 생각하는 가운데 '이 일들의 마지막은 사망이요', '이를 인하여 하나님의 진노가 불순종의 아들들에 임합니다' 라는 사실을 깨닫게 되었지요(롬 6:21~23, 엡 5:6).

그리스도인 당신은 그러한 확신에 따라 살았습니까?

소망 아니오, 처음에는 죄가 악하다는 사실과 죄를 저지름으로써 저주가 온다는 사실을 인정하려 하지 않았었습니다. 그러나 내 마음이 말씀으로 흔들리기 시작한 이후부터 나는 죄에 눈을 돌리지 않으려고 노력해 왔지요.

그리스도인 하나님의 복되신 성령이 당신에게 역사하기 시작한 후에도 죄를 계속 지은 이유는 무엇입니까?

소망 그 이유는 이렇습니다. 첫째로, 나는 그것이 내게 임하시는

하나님의 역사인
줄 몰랐습니다. 나
는 하나님께서 죄
를 깨닫게 하심으
로써 죄인의 회심
역사를 시작하신
다는 사실을 알지
못했었습니다. 둘
째로, 죄는 여전히
내 육체에 달콤하
게 느껴졌고, 나는
그것을 떠나기 싫
어했습니다. 셋째
로, 나는 옛 친구
들과 어떻게 떨어져야 할지 알 수가 없었습니다. 그들과 어울리
면서 함께 행동하는 것이 내게는 바람직해 보였기 때문입니다.
넷째로, 죄 의식이 나를 덮칠 때는 심히 고통스럽고 마음이 아파
견딜 수가 없었습니다. 내가 지은 죄들을 기억조차 하기 어려웠
습니다.

그리스도인 그래도 당신은 때때로 마음의 고통에서 벗어날 수 있
었던 것 같군요.

소망 그렇습니다. 하지만 그 일이 다시 마음에 떠오를 때면, 나는
전보다 더 심한 고통에 빠지곤 했지요.

그리스도인 당신의 죄를 생각나게 만드는 것은 대체 어떤 것들이
었습니까?

소망 많이 있었지요. 예를 들면 거리에서 착한 사람을 만날 때나,

성경책을 읽을 때, 내 머리가 아프기 시작할 때, 내 이웃 중 어떤 사람이 병들었다는 소식을 들을 때, 죽은 자들을 위해 울리는 종소리를 들을 때, 나 자신의 죽음에 관해 생각할 때, 어떤 사람이 갑자기 죽었다는 소식을 들을 때, 특히 나 자신이 곧 심판을 받게 된다는 생각이 들 때 그러하지요.

그리스도인 이러한 일들로 인해 죄 의식이 들 때 그것을 쉽게 떨쳐 버릴 수 있었습니까?

소망 아니오. 죄 의식이 내 양심을 하도 강하게 붙들었기 때문에 그럴 수 없었습니다. 그리고 이러한 때 만약 내가 죄로 되돌아갈 생각이라도 할라치면(내 마음은 죄에서 돌이켰지만 가끔 그런 생각이 들었습니다), 고통은 두 배로 커지곤 했습니다.

그리스도인 그런 때는 어떻게 했습니까?

소망 내 생활을 좋게 고치도록 노력해야 한다는 생각을 했지요. 그렇게 하지 않으면 저주를 면치 못하리라는 생각이 들었기 때문입니다.

그리스도인 그래서 고치려고 노력해 봤습니까?

소망 예, 잠시 동안은요. 하지만 결국 고통이 다시 엄습해 왔기 때문에 개혁은 별로 소용이 없게 되었지요.

그리스도인 이제 생활을 개혁한 이후로 어떤 생각이 들었습니까?

소망 여러 가지 것들이 마음에 떠올랐지요. 특히 다음과 같은 말씀들이 생각났습니다. '우리의 의는 다 더러운 옷 같으며'(사 64:6), '너희도 명령받은 것을 다 행한 후에 이르기를 우리는 무익한 종이라 우리의 하여야 할 일을 한 것 뿐이라 할지니라'(눅 17:10), '율법의 행위로는 의롭다 함을 얻을 육체가 없느니라'(갈 2:16). 그때부터 나는 내 자신을 돌아보았습니다. '만약 내 의가

다 더러운 누더기에 불과하다면, 또 율법의 행위로써는 아무도 의롭다 함을 얻지 못한다면, 그리고 우리가 모든 일을 행하고도 유익을 얻지 못한다면 율법으로 하늘 나라에 간다는 생각은 어리석은 짓이다.' 나는 계속해서 생각을 했습니다. '한 사람이 어떤 가게 주인에게 100파운드의 빚을 진 다음, 후에 모두 갚았다고 하자. 그런데 만약 이 옛날 빚이 장부에서 지워지지 않은 채 그대로 남아 있다면 가게 주인은 그를 고소해서 빚을 갚을 때까지 감옥에 가둘지도 모른다.

그리스도인 그러면 당신은 그 생각을 어떻게 자신에게 적응시켰습니까?

소망 나는 많은 죄를 지었기 때문에 하나님의 회계 장부에 빚이 많이 올라 있다. 그리고 나의 지금 이 정도의 변화로는 그 빚을

청산할 수 없다.' 그렇다면 과연 나는 예전에 지은 범죄 때문에 내게 닥친 저주를 어떻게 벗어날 수 있단 말인가? 이렇게 생각했지요.

그리스도인 매우 좋은 적용이오. 계속 이야기하십시오.

소망 제가 회개한 후에도 계속 괴롭혀 온 또 다른 것이

있었습니다. 그것은 내가 시야를 좁혀 내 최선의 행위만을 바라보는 데도 불구하고 거기서 여전히 죄가 발견된다는 것입니다. 그 죄는 새로운 죄로써, 내 최선의 행위와 함께 뒤섞여 있었습니다. 그래서 나는 다음과 같이 결론을 내릴 수밖에 없었습니다. '나는 지금껏 나 자신과 내 의무에 대해 어리석은 자부심을 가져 왔지만, 설사 나의 예전 생활에 전혀 흠이 없었다 치더라도, 지금 하루 동안에 내가 짓는 죄는 나를 지옥으로 보내기에 충분하다.

그리스도인 그래서 당신은 무슨 일을 했습니까?

소망 무엇이든요! 믿음을 만나 내 마음이 깨어지기 전까지 내가 한 일은 이루 다 말할 수가 없습니다. 믿음과 나는 잘 아는 사이였는데, 그는 나에게 죄 없으신 분의 의를 덧입지 않는 한 자신의 의나 세상 의로 구원받을 수는 없다고 말해 주었습니다.

그리스도인 그의 말이 진실처럼 여겨졌습니까?

소망 만약 내가 회개의 삶을 기뻐하고 거기서 만족을 얻고 있을 때 그가 그런 말을 했다면, 나는 그의 노고에도 불구하고 그를 바보라고 조롱했을 것입니다. 그러나 당시에 나는 자신의 부족함을 알고 있었고 또 최선의 행실 속에 끼여들어 있는 죄의 실체를 알고 있었기 때문에 그의 의견에 끌리지 않을 수 없었지요.

그리스도인 그가 처음 당신에게 그런 말을 할 때 정말 그의 말대로 죄를 전혀 짓지 않은 사람이 있을 수 있다고 생각했습니까?

소망 솔직히 말해, 처음에는 이상하게 들렸습니다. 하지만 그 형제와 잠시 더 이야기를 나눈 후 그에 대해 온전한 확신을 갖게 되었지요.

그리스도인 당신은 그 사람이 누구인지, 또 어떻게 하면 그에 의해 의롭다함을 얻을 수 있는지 물어 보셨습니까?

소망 물었지요. 그랬더니 그 분은 지극히 높으신 이의 오른편에 거하고 계신 주 예수님이라고 가르쳐 주더군요. 그리고 그 분을 믿고 의롭다 하심을 얻되, 그가 육체로 이 땅에 거하실 동안 친히 행하신 일들과 그가 십자가에 달려 고난 당하신 사실도 믿어야 한

다고 말했습니다. 그때 나는 그 분의 의가 어떻게 하나 님 앞에서 다른 사 람을 의롭다 할 수 있느냐고 물었습 니다. 그랬더니 그 가 대답하기를, 예 수님은 전능하신 하나님으로서, 그 의 행위와 그의 죽 으심은 자기 자신 을 위한 것이 아니 라 나를 위한 것이 요, 그의 행위들과

그 행위의 가치는 그를 믿는 자들에게 전가된다고 하였습니다(롬 4장, 골 1장, 히 10장, 벧전 1장).

그리스도인 그래서 당신은 어떻게 했습니까?

소망 나는 그 분이 나를 구원하고 싶어하지 않으시는 줄로 여기 고 그를 믿지 않겠다고 했지요.

그리스도인 그래 믿음이 당신에게 뭐라고 했습니까?

소망 그는 나에게 직접 가서 그를 만나 보라고 했습니다. 나는 주 제넘은 짓은 하지 않겠다고 했지요. 그랬더니 그 분이 나를 초청

했기 때문에 그것은 주제넘은 짓이 아니라고 하더군요(마 11:28).
그리고 믿음은 내가 더욱 나아올 수 있도록 용기를 북돋우기 위
해 예수님의 말이 담긴 책을 주면서, 그 책에 담긴 글은 하늘과
땅이 다 없어질 때까지 일점 일획이라도 없어지지 않을 것이라고
말했습니다(마 24:35). 그래서 나는 그 분에게 나아가려면 어떻게
해야 하느냐고 물었지요. 그는 대답하기를 무릎을 꿇고(시 95:6,
렘 29:12,13, 단 6:10) 마음과 뜻을 다해 아버지께 그를 계시해 달
라고 기도해야 한다고 하더군요. 그때 나는 다시 그 분께 간구하
려면 어떻게 해야 하느냐고 물었지요. 그는 이르기를, 가 보십시
오. 시온좌 위에서 그 분을 발견할 수 있으리니(출 25:22, 레 16:2,
히 4:16), 그 분은 오래 전부터 거기 계시면서 자기를 찾는 자들에
게 용서와 죄 사함을 주신다고 하였습니다. 나는 믿음에게서 그
분을 찾아가서 무슨 말을 해야 할지 모르겠다고 말했습니다. 그
러자 그는 이렇게 말하라고 가르쳐 주더군요. '하나님, 불쌍히 여
기소서. 저는 죄인이로소이다. 저로 하여금 예수 그리스도를 알
게 하시고 또 믿게 하옵소서. 만약 그의 의가 없으면 또 내가 그
의 의를 믿지 아니하면 나는 결국 버림받을 줄을 알기 때문입니
다. 주여, 나는 당신이 자비의 하나님이시며 당신의 아들 예수 그
리스도를 보내사 세상의 구주가 되게 하였다고 들었습니다. 뿐만
아니라 나와 같이 불쌍한 죄인들을 위해(나는 참으로 죄인입니다!)
아들을 기꺼이 바치셨다는 사실도 압니다. 그러니 주여, 저를 당
신의 아들 예수 그리스도를 통해 제 영혼을 구원하시어 당신의
크신 은혜를 나타내옵소서. 아멘.'
그리스도인 그래서 당신은 하라는 대로 했습니까?
소망 예, 하고 또 하고 또 했습니다.
그리스도인 아버지께서 당신에게 아들을 계시해 주시던가요?

소망 첫 번째 할 때도 안 해 주시고, 두 번째 할 때도, 세 번째 할 때도, 네 번째 할 때도, 다섯 번째 할 때도, 여섯 번째 할 때도 안 해 주셨습니다.

그리스도인 그래서 어떻게 했나요?

소망 나는 어떻게 해야 할지 몰랐습니다.

그리스도인 기도를 그만 둘 생각은 하지 않았습니까?

소망 했지요. 아마 수백 번은 했을 것입니다.

그리스도인 그런데 왜 그만두지 않았나요?

소망 이 그리스도의 의가 없으면 결코 구원받을 수 없다는 말이 진심이라고 믿어졌기 때문입니다. 그리고 내 생각에, 기도를 그만 두면 꼭 죽을 것만 같았습니다. 그래서 죽을 때 죽더라도 은혜의 보좌 앞에서 죽기로 한 것이죠. 그러한 가운데 '비록 더딜지라도 기다리라'(합 2:3)는 말씀이 마음에 떠올라 아버지께서 아들을 계시해 주실 때까지 기도를 계속하게 되었지요.

그리스도인 하나님께서 그를 어떻게 계시해 주셨나요?

소망 나는 그 분을 육체의 눈이 아닌 마음의 눈으로 보았지요(엡 1:18, 19). 어느 날 나는 아주 서글픔에 빠져 있었는데, 내 생전 그렇게 서글펐던 때는 없었을 것입니다. 이렇게 서글퍼진 이유는 내 죄가 얼마나 크고 추악한지 새로이 알게 되었기 때문이었습니다. 그때 나는 다만 지옥과 내 영혼의 영원한 저주만을 바라고 앉아 있었는데, 갑자기 하늘에서 주 예수께서 내려오시는 모습이 마음으로 보였습니다. 그는 내게 말씀하셨습니다.

'주 예수 그리스도를 믿으라. 그리하면 네가 구원을 얻으리라.'(행 16:30, 31) 그러자 내가 대답했습니다. '주여 저는 큰 죄인, 아주 큰 죄인입니다.' 그가 대답하셨습니다.

'내 은혜가 네게 족하도다.'(고후 12:9)

그때 나는 '내게 오는 자는 결코 주리지 아니할 터이요 나를 믿는 자는 영원히 목마르지 아니하리라'(요 6:35)는 말씀을 통해 믿는 것과 오는 것이 하나라는 사실을 깨닫게 되었습니다. 누구든지 그에게 나아오는 자, 즉 그리스도의 구원을 얻기 위해 진심과 애정을 갖고 달려나오는 자는 참으로 그리스도를 믿는 자라는 사실을 안 것입니다. 바로 그때 내 눈에서는 눈물이 왈칵 쏟아졌습니다. 나는 그에게 계속 물었습니다. '하지만 주여, 나같이 큰 죄인도 받아 주시고 구원해 주실 수 있으십니까? 그가 말씀하셨습니다. '내게 오는 자는 내가 결코 내어쫓지 아니하리라.'(요 6:37). 내가 다시 말했습니다. '하지만 주님, 내가 당신께 가더라도 나의 믿음이 온전히 당신 위에 놓여질지 어떻게 알 수 있습니까?' 그러자 그가 대답하셨습니다. '미쁘다. 모든 사람이 받을 만한 이 말이여, 그리스도 예수께서 죄인을 구하시려고 세상에 임하셨다 하였도다'(딤전 1:15), '그리스도는 모든 믿는 자에게 의를 이루기 위하여 율법의 마침이 되시니라'(롬 10:4), '예수는 모든 범죄함을 위하여 내어줌이 되고 또한 우리의 의롭다 하심을 위하여 살아나셨느니라'(롬 4: 25), '그는 우리를 사랑하사 자기 피로 우리 죄를 씻으셨느니라'(계 1:5), '그는 하나님과 우리 사이의 중보시라'(딤전 2:5), '그가 항상 살아서 우리를 위하여 간구하심이니라'(히 7:25). 이 말씀을 통해 나는 그의 인격 안에 있는 의와 또 그의 피를 통한 내 죄의 씻음을 받아야 함을 깨달았습니다. 그리고 예수께서 아버지의 율법에 순종하셔서 그 징벌을 당하신 것은 자기 자신을 위해서가 아니라 그의 구원을 받아들이고 이에 감사하는 자들을 위해서임도 깨닫게 되었습니다. 그러자 나의 마음은 기쁨으로 가득 차게 되었고 내 눈에는 눈물이 가득 고였으며, 내 가슴은 예수 그리스도의 이름과 그 백성과 그 길에 대한 사랑으로 가득 차게 되었습니다.

그리스도인 이는 참으로 당신 영혼에 대한 그리스도의 계시였군요. 그런데 이로 인해 당신 영에 특별히 어떤 변화가 있었는지 말해 주시겠습니까?

그리스도인 이를 통해 나는 세상이 아무리 자기 의를 주장해도 이는 이미 저주받은 상태임을 알게 되었습니다. 그리고 하나님 아버지께서는 비록 정의로운 분이시지만 자기에게 나아오는 죄인들은 의롭다 하실 수도 있는 분임을 알았습니다. 또 이로 인해 나는 예전의 사악한 생활을 심히 부끄러워하게 되었습니다. 뿐만 아니라 나는 나 자신의 무지함을 깊이 깨닫게 되었습니다. 왜냐하면 그 이전까지는 생각도 할 수 없었던 것들이 깨달아졌기 때문이었습니다. 예수 그리스도의 아름다움이 깨달아졌고, 거룩한 생활에 대한 사랑이 일어났습니다. 그리고 주 예수님의 명예와 영광을 위해 무언가 하고 싶어졌습니다. 만약 내 몸에 100갤런의 피가 있다면, 이것을 주 예수님을 위해 다 쏟아 부어 줄 수도 있겠다는 생각이 들었습니다.

그때 내가 꿈에서 보니, 소망이 고개를 돌려 무식이 뒤따라오는 것을 보았습니다. 그가 그리스도인에게 말했습니다.

소망 보세요. 저 멀리 뒤에서 그 젊은 친구가 느릿느릿 오네요.

그리스도인 보입니다. 그는 우리와 함께 가고 싶어하지 않는 것 같군요.

소망 그가 우리와 여기까지 함께 왔을지라도 그에게 해로운 일은 없었으리라고 여겨지는데요.

그리스도인 옳습니다. 그렇지만 그는 다르게 생각하고 있을 것입니다.

소망 나도 그렇게 느껴집니다만, 그래도 그를 기다려 봅시다.

그리하여 두 사람은 무식이 오기를 기다렸습니다. 그리스도인이 무식에게 말했습니다.

그리스도인 어서 오시오, 친구. 왜 이렇게 뒤쳐져서 오십니까?

무식 나는 혼자 걷기를 좋아하는 편입니다. 좋은 친구들과 함께가 아니라면 여럿이 같이 가는 것보다는 혼자가 훨씬 낫지요.

이에 그리스도인이 소망에게 나직이 말했습니다.

그리스도인 그가 우리와 동행하는 걸 좋아하지 않을 거라고 내가 말했었지요?

그러자 그는 다시 말했습니다.

무식 그렇지만 여기는 호젓한 곳이니 함께 이야기나 하며 가는 게 좋을 것 같군요.

그리스도인은 무식을 보면서 말했습니다.

그리스도인 한번 이야기해 봅시다. 지금 하나님과 당신 영혼 사이의 관계는 어떠합니까?

무식 좋다고 봅니다. 왜냐하면 나는 모든 선한 것들에 대해 항상 동의를 하고 있거든요. 걸으면서도 그런 생각을 하면 마음에 위안이 옵니다.

그리스도인 어떤 선한 것에 대한 동의입니까? 좀 말해 주시지요.

무식 예를 들면 하나님과 천국이 있다는 데 대한 동의지요.

그리스도인 그런 동의는 마귀와 저주받은 영혼들도 합니다(약 2:19).

무식 하지만 나는 그것들을 동의할 뿐 아니라 원하기도 하지요.

그리스도인 여기 오기를 싫어하는 많은 사람들도 그렇게는 합니다. '게으른 자는 마음으로 원하여도 얻지 못하느니라'(잠 13:4).

무식 그러나 나는 하나님과 천국을 위해 모든 것을 버렸습니다.

그리스도인 그에 대해선 의심이 갑니다. 왜냐하면 모든 것을 버린다는 것은 어려운 일이니까요. 그보다 어려운 일은 별로 많지 않습니다. 그런데 당신은 어떻게 자신이 하나님과 하늘 나라를 위해 모든 것을 버렸다고 생각하게 되었습니까?

무식 내 마음이 내게 그렇게 말했습니다.

그리스도인 지혜자가 이르기를, '자기의 마음을 믿는 자는 미련한 자라' 하였습니다(잠 28:26).

무식 악한 마음의 말은 그러하지만, 내 마음은 선한 마음입니다.

그리스도인 그것을 어떻게 입증할 수 있습니까?

무식 천국의 소망 중에서 마음은 나를 평안하게 해 줍니다.

그리스도인 그것은 자기 기만일 수도 있습니다. 왜냐하면 사람의 마음이란 아직 소망할 근거도 없는 것들을 소망함으로써 평안을 줄 수도 있으니까요.

무식 그러나 내 마음과 생활은 잘 일치됩니다. 그러므로 나의 소망은 든든한 근거를 갖고 있는 것이죠.

그리스도인 누가 당신의 마음과 생활이 일치된다고 말했습니까?

무식 내 마음이 내게 말해 주었습니다.

그리스도인 내가 도둑인지 아닌지 친구에게 물어 보라고 한다더니, 당신 마음이 당신에게 그렇게 말했다구요? 이 문제에 관한 증거는 오직 하나님의 말씀만이 할 수 있는 것이요, 다른 것들의 증거는 아무 소용이 없습니다.

무식 하지만 선한 생각을 하면 선한 마음이 아닙니까? 또 하나님의 계명에 따라 살면 선한 생활이 아닙니까?

그리스도인 예, 선한 생각을 하면 선한 마음이고, 하나님과 계명에 따라 살면 선한 생활입니다. 그러나 그렇다고 생각하는 것과 실제로 그렇게 행하는 것은 전혀 별개의 문제죠.

무식 그렇다면 당신은 무엇이 선한 생활이고 무엇이 하나님의 계명에 따라 사는 생활이라고 보십니까?

그리스도인 선한 생각에는 여러 가지 종류가 있지요. 자기 자신을 존중하는 생각, 하나님을 존중하는 생각, 그리스도를 존중하는 생각, 다른 것들을 존중하는 생각 등.

무식 우리 자신을 존중하는 선한 생각이란 어떤 것입니까?

그리스도인 하나님의 말씀과 일치되게 생각하는 것이죠.

무식 그러면 우리 자신에 대한 생각은 언제 하나님의 말씀과 일치합니까?

그리스도인 우리가 우리 자신에 대해 말씀이 행하는 판단과 동일한 판단을 행할 때지요. 좀더 자세히 설명하자면 이렇습니다. 하나님의 말씀은 자연 상태의 인간에 관해 다음과 같이 말합니다. '의인은 없나니 하나도 없으며 선을 행하는 자도 없도다'(롬 3:10,12), '여호와께서 사람의 죄악이 세상에 관영함과 그 마음의 생각의 모든 계획이 항상 악할 뿐임을 보시고'(창 6:5), '사람의 마음의 계획하는 바가 어려서부터 악함이라'(창 8:21). 그러므로 우리가 자신에 관해 이러한 생각들을 가지면, 우리의 생각은 선한 생각입니다. 왜냐하면 그런 생각은 하나님의 말씀을 따르는 것이기 때문입니다.

무식 내 마음이 그렇게 나쁘다는 걸 믿을 수가 없습니다.

그리스도인 그러므로 당신은 당신 생활에 있어서 자신에 관해 결코 선한 생각을 갖고 있는 것이 아닙니다. 내가 계속 이야기를 해나가겠습니다. 말씀은 우리 마음에 대한 판단을 하듯이 우리 생활 방식에 대한 판단도 합니다. 우리의 마음과 생활 방식에 대한 생각이 그 말씀의 판단과 일치될 때, 두 가지가 다 선하다고 할 수 있는 것입니다.

무식 그 의미를 좀 설명해 주십시오.

그리스도인 하나님의 말씀에 이르기를, 인간의 길은 구부러진 길이니 선하지 않고 사특하다고 하였으며, 또 인간은 본성적으로 선한 길에서 떠나 있어 그 길을 알지 못한다고 하였습니다.(시 125:5, 잠 2:15) 어떤 사람이 자신의 길을 이와 같이 생각할 때, 즉 지각 있고 겸손하게 자신의 길을 생각할 때, 그는 자신의 길에 관해 선한 생각을 갖고 있다 할 수 있습니다. 왜냐하면 그제야 그의 생각과 하나님 말씀의 판단이 일치되기 때문입니다.

무식 하나님에 관한 선한 생각은 무엇입니까?

그리스도인 우리 자신에 관한 이야기를 할 때도 말했듯이, 하나님에 관한 우리의 생각이 그에 관한 하나님의 말씀과 일치될 때, 그 생각은 선합니다. 즉, 우리가 말씀에서 가르치는 대로 하나님의 존재와 속성에 관해 생각할 때 그러합니다. 그의 존재와 속성에 관해서는 내가 여기서 길게 이야기할 수 없습니다. 다만 우리와 연관시켜 하나님의 속성을 간단히 말씀드리자면, 그는 우리 자신보다도 우리를 더 잘 아시며, 우리가 우리 자신 속에서 아무것도 발견 못할 때도 우리 속에서 죄를 보실 수 있습니다. 또 그는 우리의 가장 깊은 생각을 아시며, 우리의 마음을 속속들이 환히 들여다보실 수 있습니다. 우리의 모든 의는 그의 코앞에서 악취를 풍길 뿐이며, 아무리 우리가 최선의 행위를 한다 해도 그의 앞에 자신 있게 설 수는 없습니다. 우리가 이렇게 생각할 때 하나님에 관해 올바르게 생각하는 것입니다.

무식 당신은 내가 하나님을 나보다 더 멀리 보지 못하시는 분으로 여기는 바보인 줄 아십니까? 그리고 나는 내 최선의 행위를 통해 하나님께 나아가려는 짓 따위는 하지 않습니다.

그리스도인 그렇다면 당신은 어떻게 하나님께 나아가야 한다고 생각하십니까?

무식 간단히 말해 의롭다 하심을 얻기 위해 그리스도를 믿어야 한다고 여깁니다.

그리스도인 그리스도의 필요성을 깨닫지 못하면서도 그리스도를 믿어야 한다고 생각하십니까? 당신은 자신의 원래적 약점과 현실적 약점을 깨닫지 못하고 있습니다. 당신 자신과 당신 행위에 대한 그런 견해를 갖고 있으면, 하나님 앞에서 의로움을 주시는 그리스도 개인의 의를 필요로 하지 않게 되지요. 그런데도 당신은 자신이 그리스도를 믿고 있다고 말하는 겁니까?

무식 하지만 나는 모든 것을 잘 믿고 있습니다.

그리스도인 어떻게 믿고 있습니까?

무식 나는 그리스도께서 죄인들을 위해 죽으셨음을 믿습니다. 그리고 그의 율법에 대한 나의 순종을 은혜롭게 받아 주심으로써 나를 하나님 앞에서 의롭다 하시고 저주에서 건져 주실 것을 믿습니다. 다시 말해, 그리스도께서는 자신의 공로를 통하여 나의 종교적 행실들이 아버지께 열납되게 하시며 이로써 나를 의롭게 만드시리라는 것입니다.

그리스도인 그러한 당신의 신앙 고백에 대해 대답을 해 봅시다. 첫째로, 당신은 환상적인 믿음을 갖고 있습니다. 왜냐하면 그런 믿음이 하나님의 말씀 어디에도 기록되어 있지 않기 때문입니다. 둘째로, 당신은 거짓된 믿음을 갖고 있습니다. 왜냐하면 당신은 그리스도의 개인적 의로부터 의로움을 취해 그것을 당신 자신에게 적용시키고 있기 때문입니다. 셋째로, 이 믿음은 그리스도를 당신 인격에 대한 칭의자(Justifier)가 아니라 당신 행위에 대한 칭의자로 만듭니다. 그러면 당신의 행위가 당신 인격보다 중요한 셈이 되므로, 이러한 믿음은 거짓된 것입니다. 넷째로, 따라서 이 믿음은 기만적인 것이며, 전능하신 하나님의 신판 날에 당신은 이로 인해 진노를 받게 될 것입니다. 왜냐하면 진정으로 의롭다 함을 주는 믿음은 영혼으로 하여금 율법에 의해 상실된 자신의 위치를 깨닫고 그리스도의 의로 달려가 거기서 피난처를 찾게 만드는 것이기 때문입니다. 여기서 그리스도의 의란 하나님으로 하여금 당신의 순종을 받아들이사 의롭다 함을 주시도록 만드는 은혜의 행위가 아니라, 우리에게 요구되는 바를 우리를 위해 행하시고 또 당하시는 가운데서 이루어지는 율법에 대한 그의 개인적 순종입니다. 진정한 믿음은 이러한 의를 받아들입니다. 또 이 의의 옷자락에 의해 영혼은 그 수치를 가리게 됩니다. 그리고 이를 통해 우리는 하나님 앞에 흠 없이 설 수 있으며, 영접함을 얻고, 정죄를 피할 수 있습니다.

무식 뭐라구요? 당신은 그리스도께서 우리 없이 다만 그의 인격 안에서 모든 일을 이루셨다고 주장하는 것입니까? 그런 독단적인 착상은 우리 열망의 고삐를 느슨하게 만들며 우리를 마음에 원하는 대로 살게 만들 것입니다. 왜냐하면 우리가 어떻게 살아가든, 만약 믿기만 하면 그리스도의 개인적 의에 의해 의로움을 얻게 될 테니까요.

그리스도인 당신의 이름처럼 참 무식하군요. 당신의 그 대답이 이를 입증해 줍니다. 당신은 의로움을 주는 의가 어떤 것인지, 또 어떻게 하면 믿음으로써 당신의 영혼을 하나님의 무서운 진노로부터 구할 수 있는지 모르고 있군요. 게다가 당신은 이 그리스도의 의를 믿는 구원의 힘에 대해서도 모르고 있습니다. 그 힘은 우리의 마음을 그리스도 안에서 하나님께 굴복하게 만들며, 그의 이름과 그의 말씀, 그의 길과 백성을 사랑하게 합니다. 당신은 무식하게도 이런 생각을 전혀 하지 못하시는군요.

소망 그에게 하늘로부터 계시되는 그리스도를 본 적이 있는지 물어 보세요.

무식 당신은 계시를 좋아하는군요. 나는 당신들처럼 계시 운운하는 사람은 정신이 약간 돌았다고 믿어요.

소망 왜 그렇게 생각하시지요? 그리스도는 하나님 안에 감추어져 있어 인간의 이해력으로는 그를 파악할 수 없기 때문에, 하나님 아버지께서 그를 계시해 주시지 않으면 아무도 그를 알고 구원에 이를 수가 없습니다.

무식 당신은 그렇게 믿지만, 나는 그렇게 믿지 않습니다. 내 머리 속에는 당신처럼 많은 변덕스러운 생각이 들어 있지는 않지만, 그래도 나는 내 마음이 당신 믿음보다 낫다고 확신합니다.

그리스도인 내가 한 마디만 강조하겠습니다. 당신은 이 문제를 그렇게 가볍게 말해서는 안 됩니다. 내가 단언하건대, 방금 내 착한 친구도 이야기했듯이, 아버지의 계시 없이는 어느 누구도 예수 그리스도를 알 수 없습니다. 영혼을 그리스도께 굳건히 붙어 있게 하는 믿음도(올바른 믿음일 때 그러합니다) 그의 넘치도록 크신 능력이 없으면 일을 할 수가 없습니다(마 11:27, 고전 12:3, 엡

1:18,19). 불쌍한 무지 씨, 내가 보기에 당신은 이 믿음의 역사에 관해 무지한 것 같군요. 망상에서 깨어 자신의 추악함을 바로 보고 주 예수님께 피해 가십시오. 그리하면 그의 의, 곧 하나님의 의를 통해(왜냐하면 예수님은 곧 하나님이시기 때문입니다) 당신은 저주에서 벗어나게 될 것입니다.

무식 당신들은 빨리 가시기나 하십시오. 나는 도저히 당신들과 함께 갈 수 없습니다. 나는 뒤에 남을 테니 당신들이나 먼저 가십시오.

이에 그들이 말했습니다.

아. 무식이여. 당신은 아직도 어리석음을 못 버리는가?
열 번씩이나 선한 충고를 무시하다니.
그대가 만약 이를 거절한다면
오래지 않아 악한 일을 당하게 되리니
아직 시간이 있을 때 기억하시오.
두려워 말고 서시오.
선한 충고를 잘 받아 간직하고 귀를 기울이시오.
그러나 만약 당신이 이를 경홀히 여긴다면
내가 장담하건대. 무지 씨. 당신은 길 잃은 자가 될 것이오.

그리고 나서 그리스도인은 자기 친구에게 말했습니다.
"나의 친구 소망이여, 다시 우리끼리나 가야 할 것 같소"

그 후 내가 꿈에 보니, 그들은 멀찍이 앞서 가고 무지는 뒤에서 절름거리며 따르고 있었습니다.

그리스도인 저 불쌍한 사람 때문에 마음이 몹시 상하는군요. 틀림없이 그는 몹쓸 일을 당하게 될 겁니다.

소망 그래요. 우리 마을에도 저런 사람이 많이 있었습니다. 집집마다 거리마다 있었고, 순례자들 중에도 있었습니다. 우리 가운데도 그렇게 많은데 저 사람이 태어난 곳에는 오죽 많겠습니까?

그리스도인 저희 눈을 멀게 하시고…(요 12: 40)라는 말씀 대로군요. 그런데, 당신은 저런 사람들에 대해 어떻게 생각하십니까? 저들은 죄의식이라든가 위험스런 자신의 상태에 대한 두려움 같은 것을 전혀 느끼지 않을까요?

소망 당신이 연장자니까 직접 대답해 주시지요.

그리스도인 내 생각에는 그들도 가끔 그런 것을 느낄 것 같아요. 하지만 본성적으로 무지한 저들은 그런 자책감이 자신의 유익을 도모하기 위한 것이라는 것을 알지 못합니다. 그래서 그런 죄의식들을 떨쳐 버리려고 필사적으로 애쓰고, 또 일부러 자기 마음에 대해 아첨하는 것이죠.

소망 당신 말처럼, 나도 두려움이 인간의 유익을 도모하고 그들이 순례길을 바로 갈 수 있도록 도와준다는 데에 동의합니다.

그리스도인 그 두려움이 올바른 두려움이라면 의심의 여지없이 그렇지요. 그래서 말씀에 이렇게 기록되어 있지 않습니까?

'여호와를 경외하는 것이 지혜의 근본이라'(욥 28:28, 시 111:10, 잠 1:7, 9:10).

소망 올바른 두려움이란 어떤 것일까요?

그리스도인 참되고 올바른 두려움이란 다음 세 가지 면에서 생각해 볼 수 있습니다. 첫째로, 그 두려움은 죄에 대한 깨달음에서부터 생겨나는데, 이런 죄의식은 결과적으로 구원을 낳게 됩니다. 둘째로, 그 두려움은 영혼으로 하여금 구원을 위해 그리스도를 굳게 붙들도록 합니다. 셋째로, 그 두려움은 영혼으로 하여금 하나님을 크게 경외하게 하며 그의 말씀과 길을 믿음으로 지키게 하고, 거기서 벗어나 좌로나 우로나 치우치는 일을 못하게 막지요. 즉, 하나님을 모욕하는 일이나 평화를 깨는 일, 성령을 슬프게 하는 일, 원수로부터 비난받을 만한 일들을 피하게 합니다.

소망 맞습니다. 참 옳은 말씀을 하셨어요. 그런데 우리는 이제 마법의 땅을 벗어났나요?

그리스도인 대화가 지루합니까?

소망 아닙니다. 하지만 어디쯤 와 있는지 그것이 궁금합니다.

그리스도인 아직 2마일 정도 더 가야 합니다. 이제 다시 우리가 하던 이야기로 돌아갑시다. 무지한 자들은 이렇게 두려움으로 이끄는 죄의식이 자기네 유익을 도모하기 위한 것인 줄 모르고, 이를 떨쳐 버리려 필사의 노력을 하지요.

소망 그들은 죄의식을 떨쳐 버리려 어떤 노력을 하나요?

그리스도인 첫째로 그들은 이 죄의식이 실제로 하나님으로부터 옴에도 불구하고 이를 마귀로부터 오는 것처럼 여깁니다. 그래서 그 죄의식이 자신들을 멸망시킬 것처럼 생각하고 이를 거부합니다. 둘째로, 그들은 이 두려움이 자신들의 믿음을 해칠까봐 걱정합니다. 애석한 일은 그들이 자신들에게 전혀 믿음이 없다는 사실을 모른다는 것입니다. 그래서 저들은 마음을 완악하게 먹고 그 두려움을 거부합니다. 셋째로, 그들은 아무 것도 두려워해서는 안 된다는 주제넘은 생각을 갖고 있습니다. 그래서 두려움이 있어도 그렇지 않은 척 가장을 합니다. 넷째로, 그들은 이 두려움이 자신들의 알량하고 낡은 자존심을 손상시킬까봐 온 힘을 다해 이를 막으려 합니다.

소망 이 중 어떤 것은 실감이 갑니다. 나도 자신을 깨닫기 전까지는 그렇게 했으니까요.

그리스도인 우리 이웃 무지에 관한 이야기는 그만 하고, 다른 유익한 문제로 넘어가 봅시다.

소망 좋습니다. 이번에도 당신이 먼저 시작하십시오.

그리스도인 당신은 10년쯤 전에 종교적으로 앞장서서 활동하던 일시(Temporary)라는 사람을 아십니까?

소망 알지요. 그는 정직의 도시에서 약 2마일쯤 떨어진 무은혜(無恩惠;Graceless)라는 곳에서 배반(Turnback)이란 사람과 이웃하여 살았지요.

그리스도인 맞습니다. 그들은 한 지붕 아래 살았지요. 그 사람은 한때 크게 각성한 적이 있었습니다. 내가 믿기에, 그는 당시에 자기 죄와 그로 인해 야기될 보응에 관해 깨달았던 것 같습니다.

소망 나도 그렇게 생각합니다. 우리 집은 그의 집에서 3마일도 채 안 떨어져 있었는데, 그는 종종 나를 찾아와 많은 눈물을 흘리곤 했지요. 진정으로 나는 그를 불쌍히 여겼으며 그에 대한 기대도 갖고 있었습니다. 하지만 주여 주여라고 외치는 사람들이 다 같은 사람들이 아니더군요(마 7:21).

그리스도인 그는 언젠가 나를 찾아와서 자기도 순례길을 가기로 결심했다고 했었지요. 그러나 갑자기 그는 자기 구원(Saveself)이란 사람과 친해지더니 나와 사이가 멀어지게 되었습니다.

소망 그에 관해 이야기를 하게 되었으니 그를 비롯한 여러 사람들이 갑자기 돌아서는 이유를 좀 생각해 보고 싶습니다.

그리스도인 그러지요, 유익이 될 것입니다. 형제가 한번 말해 보시지요.

소망 내 판단으로는, 거기에 네 가지 이유가 있다고 봅니다. 첫째로, 그들의 양심은 깨우침을 받았지만 그들의 마음은 아직 변화되지 않았기 때문입니다. 그러므로 죄책감이 약해지자 종교심도 희박해져 자연히 다시 옛 길로 돌아가게 된 것입니다. 우리가 개를 볼 때 그렇지요. 개는 병이 들면 자기의 먹었던 것을 다 토해내고 말지요. 그러나 개는 자기의 자유 의사로 이렇게 하는 것이 아니라(만약 개에게도 자유 의사가 있다면), 배가 아프기 때문에 이렇게 하는 것입니다. 그러다가 만약 병이 낫고 배가 편안해지면, 자기가 토해낸 것들에 대해 완전히 욕심이 끊어졌던 것이 아니므로 다시 그 토설물을 먹어 치웁니다. 그러므로 다음과 같은 말씀이 사실입니다. '개가 그 토하였던 것에 돌아가고'(벧후 2:22). 그러므로 내가 말하건대, 그들은 오직 지옥의 고통에 대한 의식과 두려움 때문에 하늘 나라에 대해 열심을 내다가, 지옥에 관한 의식과 저주의 두려움이 시들해지자 하늘 나라와 구원에 대한 열망도 시들해진 것입니다. 죄책감과 두려움이 사라지면, 하늘 나라의 행복에 대한 욕망도 사라지고 그들은 다시 옛 생활로 되돌아가게 됩니다. 둘째로, 또 다른 이유는 그들이 비천한 두려움에 너무 사로잡혀 있기 때문입니다. 이 비천한 두려움이란 사람에 대한 두려움을 말하는 것입니다. '사람을 두려워하면 올무에 걸리게 되거니와'(잠 29: 25). 그리하여 저들은 지옥의 화염이 그들 귓가에 이글거릴 때에는 하늘 나라에 대해 열렬한 것 같아 보이지만 일단 그 공포가 다소 약해지면 다른 생각을 하게 됩니다. 즉 모든 것을 내어버리는 모험을 하지말고(왜냐하면 저들은 이것이 어떤 것인지 모르기 때문입니다) 적어도 피할 수 있는 불필요한 고통은 피하는 편이 현명하다는 생각입니다. 그리하여 저들은 다시 세상에 빠지게 되는 거죠. 셋째로, 종교에 의지한다는 수치심이 그들이 나아가는 데 있어 걸림돌이 되기도 합니다. 교만하고 오만한 자들의 눈에 종교는 천박하고 치욕스러워 보입니다. 그러므로 지옥에 대한 느낌과 진노에 대한 두려움이 사라지면 다시 옛 성품으로 돌아가게 되는 것입니다. 넷째로, 죄책감을 느끼고 두려운 생각을 갖는다는 것은 그들에게 있어 몹시 우울한 일입니다. 그래서 저들은 직접 일이 터지기 전까지는 자신들의 비참함에 대해 잘 생각하려 하지 않습니다. 그 일을 처음 보게 될 때, 공의로우신 자에게로 도치하여 안전함을 얻을 수도 있겠지만, 내가 앞에서 잠깐 언급하였듯이, 그들은 죄책감과 두려움을 느끼기 싫어하기 때문에 일단 하나님의 진노와 공포에 대한 각성이 사라지면, 다시 마음을 완악하게 먹고 더욱 자신들을 완악하게 만드는 길로 애써 나아가는 것이죠.

그리스도인 당신은 참 잘 지적해 주었습니다. 정말로 그 모든 근본적인 원인은 마음과 의지에 변화가 없기 때문입니다. 그러므로 저들은 마치 판사 앞에 서 있는 죄인 같았다고 할 수 있습니다. 죄인들은 두려워 떨면서 마치 마음으로 깊이 회개하는 것처럼 보입니다. 그러나 근본적으로 그 두려움은 교수대에 대한 두려움이요, 자기가 지은 죄에 대한 혐오감은 없습니다. 그러므로 이들이 다시 자유를 얻게 되면, 도둑과 사기꾼 기질이 되살아나게 됩니다. 반면에 만약 그들의 마음이 진정으로 변화되면, 그렇게 하지 않습니다.

소망 이제 내가 그들이 되돌아가는 이유를 이야기했으니, 당신은 그들이 되돌아가는 양상에 관해 이야기해 주시겠습니까?

그리스도인 그러지요. 우선 그들은 자기가 가지고 있던 하나님에 관한 기억과 죽음, 장래의 심판에 관한 생각들을 떨쳐 버립니다. 그리고 나서 그들은 점차 개인적인 의무들, 예를 들면 골방 기도나 정욕의 절제, 경성함, 죄에 대한 탄식 등을 소홀히 하게 됩니다. 그리고 그리스도인들 간의 생기 있고 따뜻한 교제를 끊어 버리지요. 이후에 그들은 점차 설교 듣는 일이나 성경 읽는 일, 경건 모임에 참석하는 일 같은 공식적인 의무들을 저버리게 됩니다. 그리고 나서 저들은 경건한 사람들에 대해 험담하기 시작하고, 종교가 갖고 있는 몇몇 약점들을 보고는 종교색을 뒤로 던져 버립니다. 그 다음에 육신적이고 방자한 자 음탕한 자들과 어울려 사귀기 시작하지요. 그들은 함께 은밀히 육신적인 음담패설을 즐기게 되고, 정직하다고 여겨지는 자들 안에서 그런 것들을 발견할라치면 더욱 담대히 저들의 본을 따르고자 하지요. 이후에 그들은 공개적으로 사소한 죄들을 범하기 시작합니다. 그래서 마음이 굳어지면 완전히 본색을 드러내게 됩니다. 그러면 다시 비참하고 깊은 소용돌이 속에 휘말려, 은혜의 기적이 일어나지 않는 한, 그들은 자기 기만 속에서 영원히 멸망을 당하게 되는 것입니다.

꿈에 내가 보니, 이제 순례자들은 마법의 땅을 벗어나 뿔라(Beulah : 회복된 이스라엘을 상징. 사 62:4) 땅에 들어갔습니다. 그곳의 공기는 매우 맑고 상쾌했으며, 길은 그 지방을 똑똑히 가로지르고 있었습니다. 그들은 거기서 잠시 앉아 피로를 풀었습니다. 그곳은 새들의 노래가 끊이지 않았고, 땅은 꽃으로 덮여 있었으며, 거북이의 울음소리도 들려 왔습니다. (아 2:10~12) 또 이 땅에는 해가 밤낮으로 빛났습니다. 그곳은 사망의 음침한 골짜기 건너에 있었고, 절망 거인의 손이 미치지 않았으며, 의심의 성에서 볼 수 있던 것들은 전혀 볼 수가 없었습니다.

37. 복된 땅

여기서 그들은 자신들이 가고자 하는 성의 모습을 잘 볼 수 있었습니다. 그리고 그들은 이곳에 살고 있는 사람들도 몇 명 만났습니다. 이곳은 천국의 경계선에 있었기 때문에 빛나는 자들이 자주 걸어 다녔습니다. 이곳에서는 또한 신랑과 신부 사이의 약속이 새로이 맺어졌습니다. 참으로 여기서는 "신

랑이 신부를 기뻐함같이 그 하나님이 그들을 기뻐하셨습니다(사 62 :5). 곡식과 포도주는 부족함이 없었는데 이곳에는 그들이 순례 중에 구하였던 것들이 풍성히 있었기 때문이었습니다(사62:8). 여기서 그들은 천성에서부터 울려 나오는 커다란 음성을 들을 수 있었습니다.

"너희는 딸 시온에게 이르라. 보라. 네 구원이 임하느니라. 보라. 상급이 그에게 있고 보응이 그 앞에 있느니라.(사 62:11)

이곳에 사는 사람들은 자신들을 가리켜 "거룩한 백성, 주님의 구속을 받은 자, 주께서 찾으신 자(사 62:12) 등으로 불렀습니다.

이제 그들은 이 땅을 걸으면서 예전에 천성으로부터 멀리 떨어진 곳을 걸

을 때보다 더 큰 기쁨을 느꼈습니다.

또 천성에 가까이 가면 갈수록 그곳의 모습을 좀더 뚜렷이 볼 수 있었습니다. 그곳은 진주와 여러 보석들로 장식이 되어 있었으며 거리는 전부 금으로 포장되어 있었습니다.

이렇게 천성이 지닌 자연적 영광과 또 거기에서 반사되는 태양 빛 때문에 그리스도인은 상사병에 걸려 버렸습니다. 소망도 그 병 때문에 한두 번 발작을 일으켰습니다. 그리하여 저들은 고통을 참지 못하고 거기 잠시 누워서 외쳤습니다.

"너희가 나와 사랑하는 자를 만나거든 내가 사랑하므로 병이 났습니다고 하려무나(아 5:8).

그러나 병이 차도를 보여 약간 힘을 얻을 수 있게 되자, 그들은 계속 길을 걸어 점점 더 천성에 가까이 나아갔는데, 도중에 보니 과수원과 포도원과 정

원이 있고 그 문은 큰 길쪽으로 활짝 열려 있었습니다. 두 사람이 이곳을 지나는데 과수원지기가 길가에 서 있었습니다. 순례자들이 그에게 물었습니다.

"훌륭한 포도원과 정원들은 누구의 것입니까?"

그가 대답했습니다.

"이것들은 임금님의 소유인데, 임금님께서는 스스로 즐기시고 또 순례자들의 휴식을 위해 이것들을 가꾸시지요."

그리고 나서 과수원지기는 포도원 안으

다(신 23:24). 또한 그는
두 사람에게 왕의 산책
로의 정자들을 보여주었
습니다. 그들은 기뻐하
면서 정자에 누워 잠을
잤습니다.

내가 꿈에 보니, 그들
은 잠을 자면서 여행을
할 때보다 더 많은 이야
기를 나누었습니다. 내
가 이를 기이히 여기며
보고 있는데, 과수원지
기가 내게 말했습니다.

"왜 이 일에 대해 기이
히 여기십니까? 이 포도
원의 포도는 사람을 아
주 달콤하게 잠들게 하
므로 잠을 자면서도 그
들의 입술이 말할 수 있

게 만드는 성질을 갖고 있습니다(아 7:9)."

잠에서 깨어난 그들은 이제 천성(천국)으로 올라가자고 말했습니다. 그러
나 순금으로 된 천성에 반사되는 태양빛이 너무 강렬했기 때문에 맨눈으로는
그것을 볼 수 없었고(계 21:18, 고후 3:18) 특별히 그러한 목적으로 만들어진
기구를 통해서만 볼 수 있었습니다.

내가 보니, 천성(천국)을 향해 나아가던 그들은 금처럼 빛나는 옷을 걸치
고 빛처럼 밝은 얼굴을 가진 두 사람을 만났습니다.

그 두 사람은 순례자들에게 어디서부터 오느냐고 물었습니다. 그들이 대
답을 하자 두 사람은 또다시 그들이 어디 유숙했으며 도중에 무슨 어려움과
위험, 또 위안과 즐거움을 겪었는지 물었습니다. 그들이 대답하자 두 사람이
말했습니다

"당신들은 두 가지 어려움만 더 겪으면 천성에 들어갈 수 있습니다."

그리스도인과 소망은 그 사람들에게 자기네와 함께 가 달라고 청하였습니

다. 그들은 그러마고 말한 후 이렇게 덧붙였습니다.

"그러나 천국에 들어가는 일은 당신 자신들의 믿음으로 성취해야 합니다."

이제 내가 꿈에 보니, 그들은 천성문이 보이는 곳까지 도달했습니다. 그런데 다시 보니, 천성문과 그들 사이에는 강이 하나 가로놓여 있는데, 이를 건너갈 수 있는 다리는 보이지 않았고 강은 매우 깊었습니다. 이 강을 본 순례자들은 넋이 빠져 버렸습니다. 그러자 저들과 함께 간 사람들이 말했습니다.

"당신들은 이 강을 건너가야 합니다. 그렇지 않으면 천성문에 도달할 수 없습니다."

순례자들이 그들에게 물었습니다.

"문으로 가는 다른 길은 없습니까?"

그들이 대답했습니다.

"있습니다만, 지금까지 두 사람 외에는 그 길을 통해 들어간 사람이 없습니다. 곧 에녹과 엘리야만이 그리로 들어가도록 허락 받았는데, 만물이 생긴 이후 마지막 나팔이 울릴 때까지 그 이외 사람들은 그리로 들어가지 못할 것입니다."

그러자 순례자들은 실망하면서 (그리스도인이 특히 그랬다) 그 길을 물끄러미 바라보았습니다. 그러나 어디를 봐도 그 강을 벗어날 만한 길을 찾을 수 없었습니다. 이에 그들이 다시 두 사람에게 물었습니다.

"물이 아주 깊습니까?"

"우리는 더 이상 당신들을 도와 드릴 수가 없습니다. 하지만 당신들이 저 곳 임금님을 얼마나 믿느냐에 따라 더 깊어질 수도 있고 더 얕아질 수도 있습니다."

그러자 순례자들은 서로를 바라보며 말했습니다.

"이제 강으로 들어갑시다."

물로 들어간 그리스도인은 자기 몸이 점점 빠져들자 친구인 소망을 보며 외쳤습니다.

"큰물이 나를 둘렀고 주의 파도와 큰 물결이 다 내 위에 넘치도다. 셀라(시 42:7)."

그러자 소망이 말했습니다.

"형제여, 기운을 내십시오. 내 발은 땅에 닿는 것 같아서 좋아요."

그리스도인이 말했습니다.

"아, 친구여, 죽음의 슬픔이 나를 둘러싸니, 나는 젖과 꿀이 흐르는 땅을 보지 못할 것 같군요."

이와 함께 칠흑 같은 어두움과 공포가 그리스도인을 덮쳐 그는 앞을 전혀 볼 수 없게 되었습니다. 그는 거의 제정신을 잃었기 때문에 그가 순례 도중에 만났던 여러 가지 달콤한 추억들을 기억할 수도 없었고 말할 수도 없었습니다. 그의 말은 강을 건너다가 빠져 죽어 천성문에 도달하지도 못할 것 같은 두려움이 가득 차 있는 듯이 들렸습니다.

또한 옆에 섰는 사람들도 깨달았듯이, 그는 순례자가 되기 이전과 이후에 지은 죄들로 인해 몹시 괴로워하고 있었습니다. 그리고 그는 오랫동안 이야기로 들어와 친숙한 꼬마 도깨비들과 귀신들의 환상에도 시달리고 있었습니다.

소망은 자기 형제의 머리를 물 밖에 내어놓으려고 무진 애를 썼지만, 그리스도인은 때때로 물 속에 완전히 잠겨 버렸고, 잠시 후 반쯤 죽은 상태로 다시 올라오곤 하였습니다.

소망은 그를 위로하기 위해 애를 쓰면서 말했습니다.

소망 형제여, 저기 천성문이 보입니다. 사람들이 우릴 영접하려고 서 있군요.

그러나 그리스도인은 이렇게 대답하곤 했습니다.

그리스도인 그들이 기다리는 것은 당신이오. 내가 당신을 안 이후로 당신은 늘 소망을 갖고 있었지요.

소망 당신도 갖고 있지 않습니까?

그리스도인 아, 형제여, 내가 분명히 올바르게 행했다면, 지금쯤, 그가 일어나서서 나를 도와 주셨을 것입니다. 그러나 내 죄로 인해 그가 나를 올무 가운데 몰아 넣으시고 날 떠나셨습니다.

소망 형제여, 당신은 악한 자들에 관한 성경 말씀을 잊으셨습니까? '저희는 죽는 때에도 고통이 없고 그 힘이 건강하여 타인과 같은 고난이 없고 타인과 같은 재앙도 없나니.'(시 73:4,5) 이 강을 건너면서 당신이 느끼는 불안과 고초는 결코 하나님께서 당신을 버리셨다는 증거가 아니라, 당신이 지금까지 받아온 그의 은혜를 기억하고 있는지 또 환난 때에 그 분을 의지하는지 시험하시는 것입니다.

그러자 내가 꿈에 보니 그리스도인이 잠시 생각에 잠겼습니다. 그에게 소망은 이렇게 덧붙였습니다.

소망 기운을 내십시오. 예수께서 당신을 온전케 하십니다.

그때 그리스도인이 큰 음성으로 외쳤습니다.

그리스도인 아 내 눈에 다시 그가 보입니다. 그가 내게 말씀하십니다. '네가 물 가운데로 지날 때에 내가 함께 할 것이라. 강을 건널 때에 물이 너를 침몰치 못할 것이라'(사 43:2).

이에 두 사람은 새로운 힘을 얻었고, 그 후에 원수는 그들이 강을 건너갈 때까지 돌처럼 잠잠히 있었습니다. 그리하여 그리스도인은 곧 설 땅을 찾았고, 나머지 강물은 아주 얕아져서 쉽게 강을 건널 수 있었습니다.

건너편 강둑에 올라섰을 때, 그들은 다시 두 명의 빛나는 사람들이 기다리고 있는 것을 보았습니다. 그 사람들은 순례자들이 올라오는 것을 보고 인사하며 말했습니다.

"우리는 부리는 영으로서 구원 얻을 후사들을 위하여 섬기라고 보내심 받은 자들입니다(히 1:14).

이리하여 그들은 천성문으로 나아갔습니다. 그 성은 높은 산 위에 서 있었지만, 순례자들은 두 사람이 팔로 그들을 잡고 인도한 덕분에 쉽게 그리로 올라갈 수 있었습니다. 또한 그들은 강에서 그들의 육체의 겉옷을 벗어 놓고 왔습니다. 그들은 강에 들어갈 때는 그 옷을 입고 있었지만, 강에서 나올 때는 옷을 벗고 나왔던 것입니다.

그리하여 저들은 매우 빠른 속도로 천상에 올라갈 수 있었습니다. 천성터

는 구름보다 더 높은 곳에 있었지만 워낙 빠른 속도로 올라갔으므로 많은 시간이 걸리지 않았습니다. 무사히 강을 건너고 또 자신들을 접대해 주는 영광의 동반자들을 만나 마음이 평안해진 그들은 위로 올라가면서 즐거운 이야기를 나누었습니다.

그들이 빛나는 자들과 나눈 이야기는 그곳의 영광에 관한 이야기였습니다. 빛나는 자들은 그곳의 아름다움과 영광을 감히 표현할 수 없다고 했습니다.

그들은 말했습니다.

"여러분이 가는 곳은 시온산, 곧 살아 계신 하나님의 도성인 하늘의 예루살렘으로, 천만 천사와 온전케 된 의인의 영들이 있는 곳입니다(히 12:22. 23). 당신들은 지금 하나님의 낙원으로 가고 있는데, 거기서 여러분은 생명 나무를 볼 것이며, 결코 시들지 않는 그 열매를 먹게 될 것입니다. 그리고 여러분이 거기 도착하면 흰옷을 받게 되고 임금님과 매일 함께 걸으며 이야기를 나눌 것입니다(계 2:7, 3:4, 22:5). 거기서 여러분은 아래 세상에서 보았던 것들, 즉 슬픔과 병고, 괴로움과 죽음을 다시 보지 않을 것입니다. '이는 예전 것들이 다 지나갔기 때문입니다(계 21:4). 당신들은 이제 아브라함과 이삭과 야곱과 선지자들과 하나님께서 장차 올 악에서부터 건져내사 이제 침상에 누워 쉬게도 하시고 그의 의로우심 안에서 걷게 하시는 이들을 만나게 될 것입니다(사 57:1, 2, 65:17).

그때 순례자들이 물었습니다.

"우리는 그 거룩한 곳에서 무엇을 해야 합니까?"

두 사람이 대답했습니다.

"거기서 당신들은 지금까지 격은 모든 고초의 대가로 평안을 누리고 모든 슬픔의 대가로 즐거움을 누리게 됩니다. 또 당신들은 당신들이 뿌린 씨앗, 곧 기도와 눈물과 임금님을 위해 당한 모든 고난의 열매를 거두게 됩니다(갈 6:7,8). 그리고 여러분은 금면류관을 쓰고, 거룩하신 분을 영원토록 보며 즐기게 됩니다. 이는 거기서 당신들이 그의 계신 그대로 볼 것을 인함입니다' (요일 3:2). 또한 당신들은 거기서 임금님을 끊임없이 찬양하고 소리 높여 감사함으로써 그를 섬기게 될 것입니다. 세상에 있을 동안 당신들은 그를 섬기고 싶어했지만 육신의 연약함 때문에 많은 어려움을 겪어 왔었습니다. 거기서 당신들의 눈은 기쁨으로 그를 볼 것이며 당신들의 귀는 전능하신 분의 즐거운 음성을 들을 것입니다. 그리고 당신들은 거기서 당신들보다 앞서 그리로 간 친구들을 다시 만나 기쁨을 누릴 것이며, 즐거움으로 큰 상급을 받게 될 터인데, 이 상급은 당신들뿐 아니라 당신들 뒤를 따라 이 거룩한 곳으로

오는 모든 사람들에게 주어질 것입니다. 또 여러분은 영광과 위엄으로 옷을 입고, 영광스러운 임금님과 함께 마차에 오를 것입니다. 그가 나팔 소리와 함께 구름 가운데서 바람 날개를 타고 재림하실 때, 여러분은 그와 함께 있을 것입니다. 또 그가 심판의 보좌 위에 앉으실 때 당신들도 그 곁에 앉을 것입니다. 그가 천사들이든 인간들이든 불법의 사역자들에 대해 판결을 내

리실 때, 당신들도 배
심원으로 그 판결에
참여할 것입니다. 그
리고 그가 천성에 다
시 돌아오실 때, 당신
들도 나팔 소리와 함
께 돌아와 영원히 그
와 함께 있을 것입니
다(살전 4:13~17, 유
14, 15, 단 7:9, 10, 고전
6:2, 3).

그들이 천성문을
향해 나아가는데 보
니, 한 무리의 천군들
이 그들을 맞으러 나
왔습니다. 두 빛나는
자들이 그 천군들에게
말했습니다.

"이 사람들은 세상
에 있을 때 우리 주님
을 깊이 사랑하고 그의 거룩하신 이름을 위해 모든 것을 버린 자들입니다.
주께서 우리에게 이들을 모셔오라 명하시기에, 여행을 마친 이 분들이 기쁨
으로 구속자의 얼굴을 뵙도록 하려고 모셔 가는 길입니다."

그러자 천군들이 큰소리로 외쳤습니다.

어린 양의 혼인 잔치에 청함을 입은 자들이 복이 있도다(계 19:9).

이때 다시 왕의 나팔수 여러 명 나와 그들을 맞이했는데, 희고 빛나는 옷
들을 걸친 나팔수들은 아름답고 우렁찬 곡조로 온 천국을 울려 퍼지게 했습
니다. 이 나팔수들은 그리스도인과 소망에게 잘 왔습니다고 끊임없이 인사를
하였는데, 그 인사는 나팔소리와 큰 외침이었습니다. 그리고 나팔수들은 그
들을 빽빽이 둘러쌌습니다. 어떤 이는 앞에 서고 어떤 이는 뒤에 섰으며, 어
떤 이는 오른편에 서고 어떤 이는 왼편에 서서(마치 그들은 순례자 일행을 위쪽
으로 호위해 올라가는 것 같았습니다) 올라가면서 계속 아름답고 높은 곡조로 나

팔을 불었습니다. 이 광경을 보는 순례자들은 마치 온 천국이 자기들을 맞으러 나온 듯한 생각에 빠졌습니다.

그들이 걸어 올라가는 동안 나팔수들은 계속하여 즐거운 음악 소리와 함께 여러 가지 표정과 몸짓을 하였는데, 이것은 그리스도인과 그의 형제가 자기네 동료가 된 것을 반기고 또 저들과 만나게 되어 기쁘다는 환영의 표시였습니다. 이렇게 두 사람은 천사들을 보고 그들의 아름다운 음악 소리를 듣는 데에 정신이 팔려 채 천국에 닿기도 전에 천국을 만끽하였습니다.

이제 그들은 천성을 환히 볼 수 있게 되었는데, 그 성 안에서는 그들을 환영하기 위해 종소리가 요란히 울려 왔습니다. 그러나 무엇보다도 그들은 좋은 친구들과 함께 영원토록 살게 되었다는 생각에 기쁨을 감출 수 없었습니다. 아, 어떤 말로 그들의 영광스러운 기쁨을 표현할 수 있겠는가!

그리하여 순례자들은 천성문 앞에 이르렀습니다. 그 문 위에는 금으로 이렇게 써 있었습니다.

"그의 계명을 지키는 자는 복이 있나니 이는 저희가 생명 나무에 나아가며 문들을 통하여 성에 들어갈 권세를 얻으려 함으로다(계 22:14).

38. 최후의 심판

그때 내가 꿈에서 보니, 빛나는 자들이 그들에게 대문에서 사람을 부르라고 일렀습니다. 그들이 사람을 부르자 대문 위에서 에녹, 모세, 엘리야 같은 이들이 머리를 내밀었는데, 어디선가 이런 음성이 들려 왔습니다. "이 순례자들은 이곳 임금님에 대한 사랑 때문에 멸망의 성을 떠나 여기까지 온 자들이니라. 그리고 나서 순례자들은 처음 길을 떠날 때 받았던 증명서를 사람들에게 주었습니다.

사람들이 이를 받아 왕에게 갖다 드리자, 왕이 그것을 읽고 나서 말했습니다.

"이 사람들이 어디 있느냐?"

사람들이 대답했습니다.

"문 밖에 서 있습니다."

왕은 대문을 열어 주라고 명한 후 말했습니다.

"의로운 나라로 들어오게 할찌어다(사 26:2)."

내가 꿈에 보니, 그 두 사람이 성안으로 들어가는데, 그리 들어가자마자 그들의 몸은 변화되었고 의복은 황금같이 빛났습니다. 또 사람들이 수금과 면류관을 가져와 그들에게 주었습니다. 수금은 찬양하는 데 쓰이는 것이었고 면류관은 영예의 상징이었습니다.

그때 내가 꿈에 들으니, 온 성의 종들이 다시 기쁨으로 울려대기 시작했습니다.

사람들이 저들에게 말했습니다.

"우리 주님의 기쁨에 참예하십시오."

또 내가 들으니, 그들이 큰 음성으로 노래를 부르기 시작했습니다.

"보좌에 앉으신 이와 어린양에게 찬송과 존귀와 영광과 능력을 세세토록 돌릴지어다(계 5:13).

대문이 활짝 열려 안을 들여다보니 성은 마치 태양처럼

빛났습니다. 또한 거리는 금으로 포장되어 있었고, 그곳을 거니는 사람들은 머리에 금면류관을 쓰고, 손에는 종려나무 가지와 노래하는 데 쓰는 황금 수금을 들고 있었습니다. 거기에는 또한 날개를 가진 자들도 있었는데, 그들은 쉬임없이

"거룩, 거룩, 거룩 우리 주님이시여라" 는 말로 서로 화답하였습니다. 이 후에 문이 닫혔는데, 그곳을 들여다본 나도 거기 들어가 살고 싶은 생각이 간절해졌습니다.

내가 이 모든 것을 눈여겨보고 나서 뒤로 고개를 돌려보니, 무식이 강가로 다가오는 것이 눈에 띄었습니다. 그러나 그는 그리스도인과 그 친구가 다한 것과 같은 어려움을 겪지 않고서도 손쉽게 강을 건널 수 있었습니다. 왜냐하면 그곳에서 헛된 소망(Vain hope)이란 뱃사람이 보트로 그를 건네 주었기

때문이었습니다. 강을 건넌 무지는 그리스도인 일행들처럼 성문을 향해 올라가기 시작했습니다. 그러나 그에게는 마중나와서 조금이라도 격려의 말을 해 주는 사람이 없었으므로 혼자 그리로 올라갔습니다. 성문에 이르자 그는 문 위에 쓰여진 것을 읽은 다음

문이 곧 열리리라 기대하면서 이를 두드리기 시작했습니다.

그러나 성문 위에서 머리를 내민 사람들은 그에게 물었습니다.

"당신은 어디서 왔으며 무슨 일을 해 왔습니까?"

그가 대답했습니다.

"나는 임금님 앞에서 먹고 마셨으며, 그는 우리들의 거리에서 가르치셨나이다(눅 13:26).

그러자 사람들은 왕께 가지고 가 보여 줄 증명서가 있느냐고 물었습니다. 무식은 그런 것이 있는지 자기 품속을 뒤져보았지만 아무 것도 찾을 수 없었습니다. 이에 저들이 말했습니다.

"당신은 없군요."

무식은 아무 말도 하지 못했습니다.

사람들이 왕에게 나아가 말했지만, 왕은 그를 보러 내려오지 않고, 다만 그리스도인과 소망을 천성으로 인도해 왔던 두 빛나는 사람에게 무식의 손발을 꽁꽁 묶어 밖에 내어 던지도록 명하였습니다.

그러자 저들은 그를 데리고 공중으로 날아가, 내가 예전에 언덕 옆에서 보았던 문에 이르러서는 그를 안으로 집어넣어 버렸습니다. 그 문은 지옥으로 통하는 길이었는데, 멸망의 도시에서 뿐 아니라 하늘 나라 문에서 그리로 가는 통로가 있었습니다. 이때 나는 꿈에서 깨어났습니다.

결 론

독자 여러분은 내 꿈 이야기를 다 읽었으리라 믿습니다. 혹시 이 꿈을 해석하여 나에게나 이웃들에게 일러줄 수 있겠는지 보십 시오. 특히 잘못 해석하지 않도록 주의하시기 바랍니다. 잘못 해 석하면 유익보다 해가 더 클 것입니다.

만약 잘못 해석하면 화를 당할 수도 있으니 내 꿈을 벗어나 유 희하면서 극단에 치우치지 않도록 주의하십시오.

나의 비유를 조롱하거나 이 때문에 서로 반목하지 말고 어린이 들과 우매한 자들과 자신을 위해서도 이를 보시기 바랍니다.

만일 내 글의 내용을 잘 모르겠거든 커튼을 걷고 내 베일 안으 로 들어와 내 은유를 펼쳐 보고 실수하지 마십시오. 당신이 나의 뜻을 깨닫는다면 그것이 정직한 마음에서 큰 도움이 될 줄 믿습 니다.

읽고 난 후 버려야 할 것이 있으면 그것은 버리고 황금만 취하 십시오. 황금이 광석에 가려 있어 이를 쓸모 없다고 던져 버리는 우를 범한다면 나는 다시 꿈을 꿀 수밖에 없습니다.

천로역정

2001년 6월 25일 1판 1쇄 발행
2007년 6월 30일 2판 3쇄 발행
저 자 존 번연
역 자 심 재 원
발행인 심 혁 창
펴낸곳 **도서출판 한글**
서울시 서대문구 북아현동 221-7
☎ (02) 363-0301 / 362-3536
FAX (02) 362-8635
E-mail : simsazang@hanmail.net
등록 1980. 2. 20. 제312-1980-000009호.
* 잘못 제본된 책은 바꾸어드립니다.

정가 10,000원

ISBN 89-7073-002-8-93230